New York: Itinéraires
漫步纽约

[美]迈尔斯·海曼 绘　[法]樊尚·雷亚 编
郎雅坤 译

作者致谢

迈尔斯·海曼（MILES HYMAN）

谨以此书献给我的父母。我要感谢所有为了充实丰富此书而给我提供过帮助和意见的人们：琼·申克尔（Joan Schenkar）、卡伦·科林斯（Karen Collins）、杰西·科恩布卢特（Jesse Kornbluth）、帕特·林格伦（Pat Lindgren）、爱玛·山城（Ema Yamashiro）、格雷格·阿施（Greg Asch）、维扎·布拉泽斯（Vija Brazus）、克里斯·斯卡其（Chris Skutch）、吉米·沃伦斯坦（Jimmy Wallenstein）、大卫·肖尔（David Schorr）、马修·蒂维（Matthew Tivy）以及丽贝卡·拉克斯（Rebecca Lax）。感谢我的孩子们对我的支持，愿有一天他们也会爱上这座美丽的城市！感谢我出色的同伴：文森特·雷亚（Vincent Rea）。最后，非常感谢我亲爱的卡罗（Carole）。为了成功出版此书，她从地狱厨房（Hell's Kitchen）到苏豪区（Soho），从康尼岛（Coney Island）到阿斯托利亚（Astoria），陪我在雨雪交加的二月一起奔走在这座巨大城市的大街小巷中。

文森特·雷亚（VINCENT REA）

致此次冒险中的所有人，感谢从布鲁克林大桥（Brooklyn Bridge）出发一路向东的朋友们：仓冈实里·穆尔斯（Minori Kuraoka-Moors）提供了最舒适的住宿，有时还有食物；斯蒂芬妮·沙耶（Stéphanie Chayet）一边吃披萨一边给出的精炼建议，还要谢谢她的一罐坎贝尔汤罐头（Campell Soup）；伊曼纽尔·贝克曼（Emmanuelle Becquemin）和她无与伦比的"热门地点"列表；能干的阿纳斯塔西亚·瓦西拉基斯（Anastasia Vasilakis）、乐于助人亲切友爱的埃尔韦·奥利托-贝尔纳（Hervé Ollitraut-Bernard），还有塞西尔·卡泽纳夫（Cécile Cazenave）的电子书；卡伦·巴斯蒂安（Karen Bastien）的书；帕斯卡尔（Pascal）和马努（Manu）提前去罗斯福岛（Roosevelt Island）的探路之旅以及迪迪埃（Didier）和朱丽叶（Juliette）的信任、热情以及坚持不懈。还有我优秀的同伴，杰出的插画家迈尔斯（Miles）先生。当然，最后要感谢纳塔莉（Nathalie）和米卢（Milo），谢谢他们在我不在的好几周里，毫无怨言地耐心等待。

目 录

简 介 ··· 5

不可错过的纽约体验 ··· 6

垂直的高楼大厦　现代建筑 ··· 13
穹顶之上 ··· 28

银幕中的纽约　从翠贝卡到格林威治村的迷影漫步 ················· 31
柏油马路上的漫画对话框 ··· 46

艺术纽约　艺廊与潮流前线 ··· 49
夜纽约 ··· 62

纽约精神　东区中心的复古精神 ····································· 65
犹太纽约 ··· 82

纽约巴别塔　地铁上环游世界 ······································· 85

绿色纽约　市场与花园 ·· 97
中央公园：吸气、野餐、呼气！ ······································ 110

此岸到彼岸　从哈德逊河到东河 ···································· 113
游戏康尼岛 ·· 124

公交车上探寻布鲁克林　时尚之旅 ································· 127

沿哈德逊河偷闲　逆流而上 ·· 143

简　介

纽约，这个曾无数次出现在电影中，让无数人魂牵梦绕的城市，可能比其他任意一座特大城市更能代表关于新世界的梦想。这座城市在建筑上十分大胆，自建城伊始就不断有破有立。对于旧大陆的人来说，刚到这样一个异常活跃的城市也许有些可怕，但是他们马上会变得兴奋不已，因为纽约被一股活力所包围，即便是过客，在踏上这片土地的同时马上就能感受到这种能量。在其高大的建筑、柏油马路和不绝于耳的嘈杂声背后，纽约这座"大苹果城"还保留着许多惊喜。坐在草地上或是举杯小酌的宁静时刻、移民新浪潮与这个语言文化大熔炉相融合，造就了一座各种面孔混杂的巴别塔，使得这里充斥着来自世界五湖四海的口味和口音。昔日，这里街头的主要语言是意第绪语和那不勒斯语，如今充盈于耳的却是带卷舌"r"的印地语、西班牙语或阿拉伯语。所有这些影响相互交融，形成了一种强大的、充满创造性的活力。是的，纽约一直热衷于文化。它消耗文化，当然也生产文化。一直以来，从切尔西（Chelsea）的艺廊到皇后区（Queens）的现代美术馆，成群的文化爱好者们慕名而来，被著名大师和前途光明的年轻艺术家的作品所倾倒。即便有人说纽约已不复当年那个纽约，它已被资产阶级化了，变得昏昏欲睡……不用担心，离开曼哈顿（Manhattan）吧！你会在布鲁克林（Brooklyn）和皇后区找到巨大反差。在东河的另一边涌现出的跳蚤市场、酒吧、公园和优秀的文化场所中，你将会发现纽约人"并非盛气凌人"，他们的友好毋庸置疑。由于纽约热衷绿色食品，就更不用说那些农贸市场了。与"汽水配汉堡"的偏见相去甚远，这里的居民们越来越像是一种城市里的享乐主义者，他们倾向于精致的食品、本地生产商和有机商店。纽约是一座绿色城市？这个观点要是放在几年前可是会被笑话的。而如今这却是事实。它建造了更加环保、透明的高楼；规划出人行道、自行车道和轮滑道……以及覆盖了最文艺街区中心旧铁轨的林荫道。它还给沿海地带增添了一抹绿意，从前鲜有人去的旧工业区今日也变成了新的乐园。人们曾经认为会腐烂的"大苹果"在不断新生。我们应当一次次重返纽约，并且毫无畏惧，因为这座城市的魅力永存，每一次游览，都是一种新的体验。

不可错过的纽约体验

地标建筑

呈现完美三角形的熨斗大厦（Flatiron Building）。别忘了还有：布鲁克林大桥（Brooklyn Bridge）、帝国大厦（Empire State Building）、克莱斯勒大楼（Chrysler Building）、中央公园（Central Park）和自由女神像（Statue of Liberty）。

博物馆

古根海姆博物馆（Guggenheim Museum）无疑是纽约最出色的博物馆。还有：大都会博物馆（Metropolitan Museum of Art）、扩建后的纽约现代艺术博物馆（MoMA）、非常晚才建成的新当代艺术博物馆（New Museum）、"与历史来场约会"的爱丽丝岛（Ellis Island）、坐落在长岛市（Long Island City）的当代艺术中心 PS1，以及距曼哈顿一小时车程的迪亚比肯美术馆（DIA Beacon）。

最佳观景台

从洛克菲勒中心楼顶可以俯瞰整座城市,这就是"巨石之巅"(Top of the Rock)观景点。类似观景点还有:帝国大厦86层、甘斯沃尔特酒店(Gansevoort Hotel)全景酒吧,以及一些高架地铁站,例如布鲁克林区的史密斯/第九街站(Smith/9th Sts)。

夜生活

在位于哈莱姆区（Harlem）的传奇伦诺克斯酒吧（Lenox Lounge）里尽情享受爵士乐吧！这家精美的装饰艺术风格（Art déco）装潢的酒吧里曾走出比莉•哈乐戴（Billie Holiday）和迈尔斯•戴维斯（Miles Davis）。还有：下东区（Lower East Side）和威廉斯堡区（Williamsburg）的时髦酒吧、百老汇剧院，以及像Cielo、Marquee这样的时尚夜店。

体验街头

华盛顿广场公园（Washington Square Park）就是格林威治村（Greenwich）的波希米亚花园。其他景点包括：传奇的第五大道、肉库区（Meatpacking）的石板路、东村（East Village）摇滚音乐会散场后的人行道、布鲁克林高地（Brooklyn Heights）的高尚林荫社区、第 125 号街及其附近哈莱姆区的街头……

美食

在百老汇（Broadway）吃热狗。还有：H&H 和扎巴尔（Zabar's）的贝果（bagel）、伦巴第（Lombardi's）的披萨、香料市场（Spice Market）的亚洲风情美食，以及"福桃"（Momofuku）日式拉面吧。想吃希腊风味可以去阿斯托利亚（Astoria），印度菜可以去杰克逊海茨（Jackson Heights），还有不得不提的巴比（Bubby's）和席勒酒吧（Schiller's Liquor Bar）的早午餐。

垂直的高楼大厦 现代建筑

路线

出发站：鲍灵格林地铁站（Bowling Green）
到达站：哥伦布转盘广场（Columbus Circle）
实用贴士：由于摩天大楼博物馆（Skyscraper Museum）早上闭馆，建议从世贸大楼遗址（Ground Zero）出发开始参观，到行程最后再乘坐地铁1号线或20路公交车回博物馆。

垂直的高楼大厦

现代建筑

一个多世纪以来，曼哈顿腹地涌出了上百座摩天大楼，这些建筑气势逼人，是美国雄厚经济实力的象征，赋予了"美国梦"一重令人眩晕的维度。新哥特式风格、后现代主义风格、装饰艺术风格，所有的建筑风格都在这座"直立的都市"中心并存，其高楼大厦让人们不停地仰头观赏，头晕目眩的同时还赞叹不已。然而，20世纪80年代，处在破产边缘并且土地严重匮乏的纽约突然蜷缩在其天际线的阴影当中，再也没有出现一座引人注目的大厦。但是纽约只沉寂了很短一段时间。十几年前，春风又重新吹进了纽约，它对高楼大厦的热情又重新燃起。追随着法国建筑师克里斯蒂安·德·波特赞姆巴克（Christian de Portzamparc）的步伐，来自世界各地的大牌建筑师们都挤破了头，想使自己的杰作能在"大苹果城"中占有一席之地。高耸入云的全透明摩天大楼复兴了：铝合金网、创意十足的螺旋形建筑和透明的玻璃幕墙是这一波复兴的标志。更妙的是，如今，这座曾令Loft概念风靡全球的城市，正对"绿色"摩天大楼情有独钟，这样的建筑兼具功能性、设计感和可持续发展潜力。2001年9月消失的世贸中心双子塔仍然留存在所有人的记忆当中。如今，工人们正在遗址上忙碌着，力图在双子塔原址上重新竖起光彩夺目的高楼。

❶ 摩天大楼博物馆　　❻ 胜家大楼　　　　　　⓫ 蓝色公寓　　　　　⓰ 威斯汀酒店
❷ 世贸中心遗址　　　❼ 苹果电子产品专卖店　⓬ 克莱斯勒大楼　　　⓱ 赫斯特杂志大厦
❸ 世界金融中心　　　❽ 纽约建筑中心　　　　⓭ 美国银行大厦　　　⓲ 时代华纳中心双子塔
❹ 美世街40号　　　　❾ 新当代艺术博物馆　　⓮ 帝国大厦
❺ 豪沃特大楼　　　　❿ 索尔酒店　　　　　　⓯ 纽约时报大厦

15

■ 垂直的高楼大厦

炮台公园（Battery Park）和金融区（Financial District）

人们可能从**摩天大楼博物馆**（Skyscraper Museum）❶前经过十次却一次都注意不到它。它只有一层，与柏油马路齐平，隐藏在纽约唯一一家（据称）面朝大海的豪华酒店——丽思卡尔顿大楼（Ritz Carlton）之下。事实上，它位于金融区的一个角落里，并不那么容易被行人发现。从鲍灵格林地铁站（4号线和5号线）出发，为了避免与赶时间的司机们打照面，我们将选择穿过马路，沿着炮台公园一路向西，走到犹太遗产博物馆（Museum of Jewish Heritage），摩天大楼博物馆就位于它的对面。博物馆内部走廊由不锈钢装潢而成，相互映射，营造出一种无穷无尽的垂直开阔感。在这里，我们可以轻而易举地搞清楚帝国大厦的建筑结构，图文并茂地比较全世界最高的摩天大楼，并以互动地图的方式了解曼哈顿区的前世今生，当然还会有关于建筑和著名建筑师的临时展出。总之，在去更远的地方之前，这个景点是一盘优秀的"开胃小菜"。"更远的地方"在哪里？出门右转。

世贸中心遗址

炮台路（Battery Place）丁字路口末端略偏右，通向北面的西泰晤士河公园（West Thames Park）。这条路线的中间还有一个小小的游乐场。它通向**世贸中心遗址**（Ground Zero）❷。通过楼梯，登上悬在西街（West St）上方的玻璃天桥，可以直通左边的**世界金融中心**（World Financial Center）❸。来这里并不是为了进行证券交易，而是为了看一看这个曾经繁华一时的世界商业中心。在世界金融中心的夹层上，我们可以俯瞰这片浩大的建筑工地。工人和铲土机在这片看似很小的区域上忙碌着，这里曾矗立着两座110层高的双子塔。几年之后，在同样的地方将会崛起一座前所未有的最高建筑：**自由塔**（Freedom Tower）——**又名新世贸大厦**（One World Trade Center，高541米，约合1776英尺，象征着美国的独立年份）——还有另外四座大楼，都由著名建筑师设计，如诺曼·福斯特勋爵（Lord Norman Foster）或理查德·罗杰斯（Richard Rogers）。

鲍灵格林公园
Bowling Geen Park

鲍灵格林公园建于1733年，是纽约历史最悠久的公园。门口摆放的牌匾告诉我们，1776年，正是在这里，美国爱国者们摧毁了英王乔治三世的雕像。

16

被金融区大楼重重包围的世贸中心遗址工地

光之楔
Wedge of Light

在众多的高楼之间，建筑师丹尼尔·里伯斯金（Daniel Libeskind）安排了一个"光之楔"。这是一个楼宇之间的开阔空间，光线会在每年9月11日早上8点46分（第一架客机撞击北塔的时间）到10点30分（第二座塔倒塌的时间）的时间段里自此透入。

世贸遗址……之后呢？

这里将留下来纪念遗址？建一个多元文化空间，还是作为自由和人权奋斗的中心？当时情况非常混乱，混乱到该项目的主要负责人，建筑师丹尼尔·里伯斯金曾威胁要退出。不过最后还是找到了解决方案。高541米，拥有办公室和全景餐厅的新世贸大厦——又名"自由塔"——将高出另外三座同样由著名建筑师设计的大楼。目前除了地址我们还不知道它们的名字。由诺曼·福斯特勋爵设计的大楼位于格林威治大街（Greenwich St）200号（411米），由理查德·罗杰斯（Richard Rogers）负责的大楼则位于格林威治大街175号（383米），由日本建筑师槙文彦（Fumihiko Maki）设计的大楼则位于格林威治大街150号（297米）。因为安全标准的要求，大胆的线条被改成了更为传统的形状。至于名为"映现伤逝"（Reflecting Absence）的"9·11"事件纪念馆，它是由建筑师迈克尔·阿拉德（Michael Arad）和景观设计师彼得·沃克（Peter Walker）共同设计的。纪念馆位于世贸遗址正中央，部分沉入地下，周围遍布植被，两边会凿出两口象征着双子塔的方形水池，池中的瀑布永不枯竭。工程已于2014年完工。

17

■ 垂直的高楼大厦

新世贸大厦的建筑师是丹尼尔·里伯斯金，他曾经设计过曼彻斯特的帝国战争博物馆和柏林的犹太人博物馆。一号大楼已于 2014 年完工。工地周围各种风格不同的建筑也非常值得关注：大楼对面建于 1776 年的纽约圣保罗礼拜堂（St Paul's Chapel）、恐怖袭击中奇迹般逃过一劫的千禧酒店（Millenium Hotel）笔直的立面，以及**世贸中心七号大楼**（WTC7）波纹状的玻璃幕墙（228 米，52 层）。"9·11"事件发生后，这座七号楼很快在原址左侧重建起来。

想离开世贸中心的话，我们来走一条复杂的路线：先路过长满高大棕榈树的冬之花园（Winter Garden Atrium），从花园门口可以看见近在咫尺的哈德逊河。穿过花园，走下台阶，右侧的走廊通向一条窄窄的自动扶梯。搭乘扶梯上一条指向右侧的过道，它通往维塞街（Vesey St），接下来，乘上别的自动扶梯，可到达出口。这里，又一座天桥出现在眼前，它穿过西街，直通世贸遗址工地西北角，不过在天桥上看不到什么有意思的风景。

苏豪区（SoHo）

恐怖袭击之后，科特兰街地铁站（Cortland St）就关闭了，所以我们要一直前行到钱伯斯街站（Chambers St）（一号线），它长长的地下通道里，时不时会有人投来奇怪的目光。几分钟后，从坚尼街站（Canal St）出来，就进入了苏豪区。

灰色的细钢管，楼面上"之"字形的消防梯，红色或乳白色的砖墙，新科林斯式三角楣和雕花上楣……这种建筑风格糅合了工业风格和在当地被称作"新文艺复兴"的风格，在当时是具有革命性的。从坚尼街站出地铁，可以先取道汤普森街（Thompson St），再右转到格兰街（Grand St）。如今，在格兰街和格林街（Green St）十字路口周边遍布各种顶级设计品牌（顶级家居品牌波菲［Boffi］、意大利灯具品牌阿尔泰明德［Arteminde］、德国灯具品牌英葛·摩利尔［Ingo Maurer］），商铺都位于这些于1870—1910年间建起的建筑物底层。现代感十足的"玻璃塔"（Glass Box）则位于美世街（Mercer St）一角，此建筑物由让·努维尔（Jean Nouvel）设计，是对昔日苏豪区的缅怀；该建筑物是一座公寓，位于**美世街40号**（40 Mercer）❹，楼高13层，深灰色的金属栋梁撑起四十多个房间，

每间房均配有可伸缩的玻璃落地窗，捕捉、反射着纽约耀眼的阳光。这栋设计巧妙、现代感十足的公寓甚至还拥有一个朝向百老汇大街（Broadway）的小花园。它是理想的城中居所，不过房价也不低，动辄几百万美元。

一个诞生于苏豪区的概念

当年，获得自由的奴隶曾在这里耕作务农，后来，它成了满布戏院和妓院的"地狱"。南北战争（1861—1865）结束后，苏豪区完全变成了一个工业区。人们推倒了破旧的木板屋，在这里建起了以纺织业为主的巨大厂房。于是，这里摇身一变，成了纽约的经济中心。20世纪50年代开始，制造业衰退了。彼时，声名狼藉、被人废弃的苏豪区迎来了第一批因逃避格林威治村高额房租而来到这里的艺术家。他们在被闲置的巨大仓库中安顿下来，Loft的概念应运而生。起初，这是一种既不卫生也不合法的擅自占据空房屋的做法，但逐渐地，当一个城市高速公路修建计划威胁到这片放荡不羁、颇具文艺气息的土地时，在许多律师、艺术家和文物保护者的努力之下，苏豪区于1973年被列入了历史地区保护名录中。苏豪区成了纽约的艺术中心，租金飙升，Loft概念传播到世界各地，而艺术家先驱们则离开了苏豪区，搬到租金更便宜的地方……

■ 垂直的高楼大厦

豪沃特大楼

豪沃特大楼建于1857年，因其纤细精致的双立面——一面朝向百老汇，另一面朝向布隆街（Broome St）——与其庞大的身躯形成鲜明对比，因而被称作"巴特农神庙"。在这里可以买到烛台、镜子和中国瓷器。当年，伊莱莎·奥的斯（Elisha Otis）刚刚发明了蒸汽动力的电梯，大楼马上就安装使用了，这在当时是相当革命性的举措。

百老汇大街是曼哈顿最长的街道，它的上面坐落着第二次世界大战后黄金年代最具代表性的两座大楼：位于488号的**豪沃特大楼**（Haughwout Building）❺，和位于561号，新艺术风格浓烈的**胜家大楼**（Little Singer Building）❻。一路向北，在众多诱人的商店中，我们将探访三家"纽约范儿"十足的地方：高档精致的食材店兼餐厅迪恩和德鲁卡（Dean & Deluca）、《环球新闻》总部旧址——在这里也可以吃东西恢复体力，还有不可思议的珠江百货（Pearl River）——店内贩售各种中国商品，从最有用的到最没用的，应有尽有。

到下一个十字路口，左转进入王子街。之前位于103号的邮局已经改建成了**苹果电子产品专卖店**（Apple）❼。店内，阳光透过优雅的玻璃天花板射入，透过玻璃屋顶，还可观赏到一个极具纽约特色的画面：楼房屋顶上安装的蓄水池！店内配备有十几台供顾客免费使用的电脑，您可以趁机在这里上上网或查查邮件。再远一点，沿着百老汇西街（West Broadway）向北走走，可以瞥到左侧休斯顿西街（West Houston St）上"X夫人"酒吧（Madame X）极具挑逗性的招牌和它用绯红天鹅绒装饰的前厅，让人不禁暗下决心一定要找个机会来这里喝一杯鸡尾酒。

穿过休斯顿西街，我们就来到了拉瓜迪亚广场（LaGuardia Place），虽然名叫"广场"，但其实它是一条街。这里的风景很出人意料：几栋联排公寓楼、纽约市难得一见的草坪、混凝土板、由当地居民养护的社区小花园。人行道左边，两面玻璃窗间，我们将推开536号的大门。这是美国建筑师协会（American Institue of Architects）的**纽约建筑中心**（Center for Architecture）❽。中心虽小，但设计相当用心。纽约建筑基金会（New York Foundation for Architecture）就驻扎在这里。除了组织放映、讲座、临时展览，这里还会展出各种沙盘，呈现了各种城市建造的重要方案。

诺丽塔（NoLiTa）和下东区（Lower East Side）

仰望过这些引人入胜的建筑，我们将走一段回头路，向东走上布利克街（Bleecker St），进入诺丽塔（NoLiTa）区，NoLiTa乃是英文"小意大利北区"（North of Little Italy）的简写。这个街区昔日挤满意大利移民家庭，如今变成了宁静的港湾，绿树成荫的街边布满设计师工作室和时髦的餐厅。

20

在伊丽莎白街（Elizabeth St）鳞次栉比的砖房底层，可以参观到一家老式的园林雕塑作坊，以及一家旧式理发店，它们在周围时髦的环境中显得有些突兀。店内涂着发胶的理发师和老式理发椅，仿佛都邀你回到过去的时光。

离伊丽莎白街不远，可以参观坐落在鲍威里街（Bowery St）上的**纽约**

新当代艺术博物馆（New Museum of Contemporary Arts）❾。早年，这条大街破旧的人行道上总是聚集着一群无法无天的瘾君子、小混混和乞丐，如今它已经焕然一新。这座博物馆建于2006年，结构层叠交错，外观就像是有两位神灵喝醉了，将许多白色的大盒子叠在了一起。实际上，这座博物馆是日本建筑师妹岛和世（Kazuyo Sejima）和西泽立卫（Ryue Nishizawa）联手设计的。新当代艺术博物馆有白色横梁、金属网立面和简约的内部装潢，它的空间设计理念本身旨在反思博物馆与其周围环境的融合。并且，它对自身的定义是一个"枢纽"——其理念是通过多媒体连接起分散在世界各个角落的文化场馆：从埃及到荷兰，从墨西哥到韩国。搭乘绿色电梯上到五楼，一名非常专业、热情的工作人员会积极地回答您所有的问题。之后，您可以沿着一条窄窄的楼梯，一个展厅一个展厅地往下参观，楼梯墙体间还设有用来播放视频的小放映室。全景露台周末开放，在这里，您可以从一个独特的视角欣赏曼哈顿。整个博物馆，从地下室到卫生间，都对文化赞助者表达了由衷的敬意。

AIA（美国建筑师协会）纽约城市指南

这部出版了四十多年的纽约建筑"圣经"以地图和照片的方式，涵盖了各个街区，全方位解读着"大苹果"城中或声名远扬、或鲜为人知的高楼大厦。我们还可以从中读到关于公园、桥梁和其他古迹的许多知识。*AIA Guide to New York City*, Random House, 2000, 4th Edition。

21

■ 垂直的高楼大厦

克莱斯勒大楼门口

鲍威里街

这条街本是一条通往彼得·施托伊弗桑特（Peter Stuyvesant）农场的路。19世纪，鲍威里街（荷兰语为"Bouwerij"）上开满戏院。后来，很长一段时间里，这个街区治安状况恶劣，犯罪率居高不下，除了酒鬼醉汉、走私贩和社会边缘人之外没有正常的居民。但是经过当年的纽约市长鲁迪·朱利安尼（Rudy Giuliani）的治理，如今这条街就跟隔壁的小意大利区和下东区一样，成了高价Loft和潮店的聚集地。

回到室外，我们可以选择继续向南，深入下东区中心。这里矗立着两栋现代建筑：一是拥有巨大落地玻璃窗的**索尔酒店**（THOR）❿，它位于利文顿街（Rivington St）上，备受上层名流人士喜爱；二是诺福克街（Norfolk St）上的**蓝色公寓**（Blue Condominium）⓫。这座住宅楼又名"蓝塔"，外观就好似一颗切割过的巨大蓝宝石，其设计者瑞士裔法国建筑设计师贝尔纳·屈米（Bernard Tschumi）曾主持设计巴黎拉维莱特公园（Parc de la Villette）。我们也可以选择沿着鲍威里街向北走，到达第二大道地铁站（2nd Avenue）（F线），沿途有许多大商店，例如"主厨"（Chef），店内堆满厨师学徒梦寐以求的机器：巨大的咖啡壶、火腿切割机、果汁冰糕调制器，应有尽有。

中城（Midtown）：时代广场（Times Square）周边景点

经过一排门面，让我们往上城（Uptwon）方向去做一番简短的观光。只需几分钟便可到达42号街—布莱恩特公园地铁站（42nd St-Bryant Park）。

克莱斯勒大楼（Chrysler Building）⑫（高 319 米，77 层）装点着带有装饰艺术风格的滴水嘴，骄傲地矗立在 42 街（42ⁿᵈ St）上。走在中城这些令人眩目的高楼大厦间，人渺小得就像大街上的小老鼠。我们可以沿着纽约市公共图书馆（Public Library）和布莱恩特公园（Bryant Park）一直走。冬天，当地居民会来公园里滑冰。这条线路上可以看到引人入胜的**美国银行大厦**（Bank of America Tower）⑬的远景。这座高耸入云的玻璃幕墙大楼位于 6 号街（6ᵗʰ St）和 42 街的交汇处，由建筑师理查德·库克（Richard Cook）和罗伯特·福克斯（Robert Fox）共同设计。它落成于 2009 年，是全美最节能环保、最具可持续发展性的建筑，采用可回收、可再利用的建筑材料，并配备有风力发电机、可供自然采光的透明绝缘板。它还进行雨水的收集和再

布莱恩特公园

布莱恩特公园里有一座老旧的旋转木马、若干椅子和几张桌子……它曾经被称为"小卢森堡"。这座法式园林位于纽约散热器大厦（American Radiator Building）脚下，园内有纽约市公共图书馆。园内具有百年历史的公共厕所也是古迹。夏天这里会举办电影节，冬天则会有溜冰场和圣诞集市。

透明礼赞

在纽约这个人口密度很大的都市中，阳光有时很难从高楼大厦间溜进来。而得益于伟大的建筑师，如今透明的玻璃幕墙大厦随处可见。创意、修改和扩建营造出了轻巧感和浓厚的现代感。以下是几栋典型的"亲阳光"大楼：

LVMH 大厦（路易威登·轩尼诗集团大厦，21 East 57ᵗʰ St），由克里斯蒂安·德·波特赞姆巴克设计。这座落成于 1999 年的建筑明亮且具创新感，是这类"透明大厦"的先驱。它的设计采用了折扣、斜面和刻意的不对称外型，令其水晶般的立面看起来宛如一个棱镜。

现代艺术博物馆（MoMA, 11 West 53ʳᵈ St），由谷口吉生（Yoshio Taniguchi）扩建翻新。建筑师巧妙地扩大了博物馆的容量，使这间拥有 10 万多件永久藏品的博物馆的展览空间翻了一倍。在五楼的五层餐厅（Terrace 5）能欣赏到完美的全景，并可鸟瞰 MoMA 的雕塑园（Sculpture Garden）。

摩根图书馆与博物馆（Morgan Library & Museum, 225 Madison Ave），由伦佐·皮亚诺（Renzo Piano）重新设计的博物馆新增了明亮的中庭、新阅览室以及位于麦迪逊大道上的新入口。

纽约苹果旗舰店门口的玻璃屋（767 5ᵗʰ Ave），这个长宽高 10 米的玻璃立方体内就是商店的入口。商店本身则位于著名的第五大道地下。游客们经常把这里列为"最喜爱景点"的首位。

IAC 总部大楼（555 West 18ᵗʰ St），由弗兰克·盖里（Frank Gehry）设计。这个由锌板和玻璃组成的解构主义建筑宛如一栋内部被照亮的纸牌屋，抑或是哈德逊河岸上一座扭曲的冰山。

■ 垂直的高楼大厦

利用，并且过滤、排放清洁空气从而实现整个曼哈顿的"净化"。大楼有两个不对称的尖顶，其中一个高366米，宛如给这栋环保建筑戴上了一顶棱镜型的尖尖帽，比起来，它只比不算天线的**帝国大厦**（Empire State Building）⑭（高381米，102层）低那么一点点。经第六大道（6th Ave），沿着布莱恩特公园走，走到西41街（West 41st St）上去，再沿着它一直走，直到抵达第八大道（8th Ave）。**纽约时报大厦**（New York Times Building）⑮（242 W 41st St，高228米，52层）便坐落在这里。

帝国大厦
建于1931年，它是纽约城市天际线当中最有名的摩天大楼。这栋巨大的石灰岩大楼花了410天工期，相当于700万工时。它是在经济最萧条的时候，斥资4100万美元打造而成的。

市中心书店
（Urban Center Books，已于2010年停业）
这家书店（457 Madison Ave）位于上东区入口处一栋优美的维拉德式房屋里，店里堆满了大量建筑类书籍。必须借助梯子才能拿到最上层的书！对书迷来说，这是个必去的地方，当全神贯注地翻阅店内的精彩藏书时，丝毫感觉不到时间的飞逝。

纽约最著名的日报《纽约时报》自2007年起便搬离老根据地时代广场，入驻这里。时代广场即得名于《纽约时报》。大厦外部覆盖着一层白陶瓷细管拼成的"帘幕"，这也是出自伦佐·皮亚诺之手的设计，这种透明感旨在打破外部和内部的界限。尤其令人印象深刻的是中央天井种满桦树的花园庭院。大楼南侧则是曼哈顿最后几个比较寒酸的区域之一：服装批发区（Garment District）——这里是成衣批发商的传统据点。

北边则是时代广场和剧院区（Theater District）。我们重新回到第八大道上，从**威斯汀酒店**（Westin Hotel）❻（270 W 43rd St）前路过。这家酒店后现代主义的建筑风格令其备受争议。破碎的线条、赭石色和蓝色错落有致地拼凑在一起，对有些人来说，这是集丑陋之大成，另一些人则觉得它彰显了这座城市诗一般的气质。再往北走，58街（58th St）上矗立着于2006年完工，集环保性和美感于一体的**赫斯特杂志大厦**（Hearst Magazine Building）❼，这是纽约的首批——亦可说是第一座——"绿色"建筑，尤其是它的天然空调系统和雨水的循环再利用系统。这栋大厦立面犹如切割过的钻石，它是由诺曼·福斯特勋爵设计的，由一个高六层的装饰艺术风格基座托起。老赫斯特大厦于刚好于1929年经济危机爆发之前建成，大萧条时被废弃，如今整个赫斯特出版集团，包括《大都会》杂

25

■ 垂直的高楼大厦

志（Cosmopolitan）和《旧金山纪事报》（San Francisco Chronicle）的办公室，都在这座大楼里。

紧挨着这里，在哥伦布转盘广场（Columbus Circle）上，中央公园（Central Park）西南角，矗立着于2003年封顶的**时代华纳中心双子塔**（Time Warner Center）❽。大楼由建筑师大卫·查尔兹（David Childs）和穆斯塔法·凯末尔（Mustafa Kemal）设计。值得一提的是，大楼早在"9·11"恐怖袭击发生前就已经决定动工了。从底层到顶层，这两栋大楼高229米，金光熠熠，由底层中庭连接，楼内设有高档酒店、商店、精品店、电视演播厅、办公室和住宅。

专业术语

几个具有纽约建筑特色的词汇：

地下室（Basement）：字面意思是"地基"或"地下室"。通常指位于某些楼房以及褐石屋（见下个词条）一层的半地下室。凿出窗户和门后可作公寓、商店、咖啡厅和餐厅。

褐石屋（Brownstones）：由红褐色砂石建成的房子，与相邻的住宅共用一面墙，由此形成"联排式"房屋，且通往街面的楼梯直达二楼。最漂亮的联排式褐石屋在西村（West Village）的切尔西（Chelsea），但是布鲁克林区（Brooklyn）的公园坡（Park Slope）和哈莱姆区（Harlem）的奋斗者街（Strivers Row）也有。

 **铸铁建筑**（Cast-iron buildings）：主要位于苏豪区，是建于19世纪末的工业建筑。这些建筑的表面，甚至骨架，都选择了铸铁这种在当时具有革命性的材料。它比石材便宜，比木材更不易燃，而且方便加工。最后的结果就是一大批拥有华丽雕花门面，且建筑周期短的建筑物。

国际风格（International）：指1945年至20世纪70年代主要的建筑风格，以基本几何图形甚至可说古板的风格、缺少装饰为特征。下城如雨后春笋般崛起的十几栋棱镜形大楼中，最典型的包括位于西57街9号黑白分明的索罗大厦（Solow Building）和东河边上的联合国总部（ONU）。

大楼脚下则是耀眼的**纽约艺术与设计博物馆**（Museum of Art and Design, MAD），2008年9月在重建了一整个夏天之后重新开馆。博物馆和双子塔一比显得小得可怜。但是该馆以风趣而简洁的方式展出的大量宝贵藏品，使得相邻的双子塔也要相形见绌。

后现代主义（Postmodernism）：一项质疑以往建筑风格的运动。建筑师们利用玻璃、石材和钢材，重新引入历史上曾经流行的装饰元素，设计出更加自由的外形和结构。从1964年开始，后现代主义建筑风格的建筑大量出现，例如口红大厦（Lipstick Building, 885 3rd Ave）、索尼大厦（Sony Building, 550 Madison Ave）以及LVMH大厦（21 East 57th St）。

天际线（Skyline）：由高楼大厦组成的城市轮廓线。长时间以来，双子塔曾是纽约天际线的代表，而如今帝国大厦又重新成了这座城市天际线的主宰。

廉价公寓（Tenements）：从1839年开始出现的住房，旨在容纳当时大量拥入的外来移民。移民通常挤在只有一室一厅或两室一厅的公寓里。楼房的砖墙面点缀着曲折的防火梯，是下东区的典型景色。

婚礼蛋糕或逐层退缩式风格（Wedding Cake or Setback Style）：20世纪20—50年代盛行的建筑风格，以楼层越高外墙越窄为特点，宛如阶梯形状。代表建筑有新装饰艺术风格强烈的温德姆纽约客酒店（Wyndham New Yorker Hotel, 481 8th Ave）和派拉蒙大楼（Paramount Building, 1501 Broadway）。

27

■ 垂直的高楼大厦

穹顶之上

想在纽约这座摩天大楼林立的城市中登高望远，并非易事——这简直是一个悖论。我们当然可以选择乘坐直升飞机绕城市一圈，但即便小小一圈，最少也要花费 150 美元。从设在哈德逊河岸边上的直升飞机场起飞，我们有 15 分钟的时间，可以用欣喜若狂的目光来拥抱这座遍布摩天楼的"大苹果"都市。问题是这样有些贵。因此，不如买一张价值 20 美元的**帝国大厦**顶楼门票。我们可以搭乘电梯直上 86 层（320 米），站在天桥上面对整个曼哈顿的全景，发出惊喜的赞叹。晚上一定要来这里欣赏夜景；最后一班电梯的时间是凌晨 1:15。相反，多花 15 美元登上被玻璃隔层挡住的第 102 层（381 米）则是完全没有必要的。

但是怎样才能欣赏到有帝国大厦的曼哈顿全景呢？去巨石之巅（Top of the Rocks）吧。这个著名的装饰艺术风格观景台设在**洛克菲勒中心**，高 260 米，它的优势就是没有那么拥挤。从这上面可以鸟瞰纽约的 360° 全景，可远眺至中央公园，但是，克莱斯勒大楼却被挡住了，因此这里还是有点小小的遗憾。不过听说，尽管鲍威里街上的**新当代艺术博物馆**高度一般，那里却也有一个全景观景台。位于博物馆七楼的天空屋（Sky Room）平时属于私人活动空间，周末对大众开放。这里的视角非常独特：博物馆脚下，下东区和它老旧的房子构成一条五颜六色的地毯，中城的摩天大厦则在远处林立。很不错！

还有一个纽约式的小惊喜绝对不可错过：搭乘空中电车坐一趟来回。什么空中电车？**罗斯福岛空中缆车**（Roosevelt Island Tramway）！这架红色的滑雪式缆车连接上东区和罗斯福岛，沿皇后区大桥，在距东河河面 76 米的高空中行驶。碰上暴风雨之夜，这趟旅程将会是一次独一无二的体验。从雷蒙·德帕东（Raymond Depardon）到萨姆·莱米（Sam Raimi），许多电影导演都拿它做过取景地！

　　当然，为了更好地享受景色，也可以多花点钱，去去高档的娱乐场所。例如位于**纽约半岛酒店**（Peninsula Hotel, 700 5th Ave）26层的玲珑酒廊：酒吧虽小，却拥有巨大的露台，可供俯瞰第五大道；位于**文华东方大酒店**（Mandarin Oriental, 80 Columbus Ave）35层的空中大堂简直是纽约版的《迷失东京》，从这里可以俯瞰中央公园；从位于**甘斯沃尔特酒店**（Gansevoort, 18 9th Ave）顶层的"跳水"酒吧（Plunge）则可以眺望哈德逊河——最好在一周的头几天去以避拥挤；还有名为"**第五大道230号**"（230 5th Ave），种满花草的屋顶餐厅，尽管客人比较多，但黄昏时分，这里的景色实在是美不胜收……

　　最后一条适用于所有人的小贴士：不要忘了时时会带来惊喜的高架轻轨，尤其是在长岛市和布鲁克林区那边。F线的史密斯街/第九街站（Smith St/9th St）就在郭瓦纳斯运河（Gowanus Canal）上方行驶，仿佛老旧的过山车。从站台开始，你的目光划过铁轨、楼顶，远处曼哈顿的天际线一望无垠。所有这一切，只需一张地铁票的价格！

银幕上的纽约

从翠贝卡到格林威治村的迷影漫步

路线

出发站：富兰克林街地铁站（Franklin St）
到达站：休斯顿街地铁站（Houston St）或列克星顿大道/63街地铁站（Lexington Ave/63rd St）
实用贴士：尽管如今爆米花式连锁影院风头正盛，但一些由住宅改造的私人电影院也在抵抗这股潮流。它们会播放一些作家电影和纪录片，尤其是休斯顿街（Houston St）周边和格林威治村里的影院。

银幕中的纽约

从翠贝卡到格林威治村的迷影漫步

美国电影的发源地并不是好莱坞，而是纽约。尽管长期以来大部分电影都是在加州制作的，但各个角度都被拍遍的纽约才算得上是最具电影基因的城市。它出现在成百上千的电影场景中，出色的编剧们从宏伟的后现代主义和超现实主义建筑中汲取灵感。这座城市充满成功的光芒，也充满失败的低谷，充斥着黑帮头目、流氓和腐败警察，集各种矛盾于一身。在这里，导演们找到了理想的大展身手之地。提到纽约，我们会立刻联想到《教父》三部曲（The Godfather），还有《穷街陋巷》（Mean Street）、《出租车司机》（Taxi Driver），布赖恩·德·帕尔马（Brian de Palma）的《情枭黎明》（Carlito's Way），还有年代更近的詹姆斯·格雷（James Gray）的《小奥德萨》（Little Odessa）和《家族情仇》（The Yards）。其中不能不提的一位导演是成就巨大的伍迪·艾伦（Woody Allen）。从《曼哈顿》（Manhattan）到《安妮·霍尔》（Annie Hall），这位最具纽约风格的导演，把这座城市当作一个独立的角色来看待。今天，每年仍然有十几部电影在纽约拍摄。纽约产出并传播着许多它自身的影像，使得即便第一次来到曼哈顿的游客，也不可避免地产生一种"似曾相识"的感觉。沿着街区漫步时，可以想象罗伯特·德尼罗（Robert De Niro）、阿尔·帕西诺（Al Pacino）、达斯汀·霍夫曼（Dustin Hoffman）、黛安·基顿（Diane Keaton）、罗珊娜·阿奎特（Rosanna Arquette）、哈维·凯特尔（Harvey Keitel）、比利·克里斯托（Billy Cristal）、黛米·摩尔（Demi Moore）、比尔·默瑞（Bill Murray）和杰昆·菲尼克斯（Joaquin Phoenix）这些明星，在格林威治村、小意大利、上东区和康尼岛的街头与我们擦肩而过。

❶ 云梯8号消防站
❷ 翠贝卡电影中心
❸ 桑树街酒吧
❹ 翁贝托海鲜屋
❺ 圣帕特里克老教堂
❻ "里程碑"阳光电影院
❼ 卡茨熟食店
❽ 电影资料馆
❾ 安吉利卡电影中心
❿ 路易·K. 梅塞尔画廊
⓫ 拉乌尔餐厅
⓬ 费加罗咖啡
⓭ 米娜塔街
⓮ 瑞吉欧咖啡馆
⓯ 华盛顿广场公园
⓰ 博凯尔大楼
⓱ 格林威治村电影院
⓲ 西11街16号
⓳ 先锋村
⓴ 查姆利酒吧
㉑ 樱花巷剧院
㉒ 艾萨克·亨德里克斯故居
㉓ 莫顿街66号
㉔ 电影论坛剧院

■ 银幕中的纽约

开拍啦！
翠贝卡逛一圈

云梯 8 号消防站（Hook and Ladder #8）❶。从富兰克林街地铁站（1 号线）出来，这个小巧到让人难以相信，却仍在服役的消防站就在瓦里克街（Varick St）和北摩尔街（North Moor St）的交会处。1984 年，它凭借电影《捉鬼敢死队》（*Ghostbusters*）出现在美国银幕上，从而为大众所熟悉。电影中，丹·艾克罗伊德（Dan Aykroyd）、比尔·默瑞和他们的朋友们致力于捕捉一群出现在曼哈顿街头的鬼魂，这个消防站则是英勇捉鬼队的秘密基地！不过……这里其实只是作为外景出现。内景的拍摄是在洛杉矶一栋废弃的楼房里完成的。在重新回到北摩尔街，去苏豪区和小意大利之前，可以稍微偏离一下路线，游览一下**翠贝卡**（TriBeCa）的石板路。翠贝卡的前身是工业区，后来聚集起了一批画廊，再后来则进驻了一些与艺术多或多或少相关的公司。沿着北摩尔街一直走，走到格林威治街（Greenwich St），它和富兰克林街（Franklin St）的交会处矗立着由著名演员罗伯特·德尼罗创立的**翠贝卡电影中心**（TriBeCa Film Center）❷。德尼罗也为纽约市创立了自 2002 年开始的翠贝卡电影节，目的是为了振兴地区经济。电影节大获成功，每年四月末都会放映十几部纪录片、短片和独立电影。中心同时还举办电影的国际首映会、讲座、音乐会，甚至还有汽车影院。这座引人注目的建筑坐落在格林威治街 375 号，里面进驻了十几家电影制作公司、放映室（有时向公众开放），还有一家名为翠贝卡烧烤（TriBeCa Grill）的餐厅——餐厅里挂的装饰画均出自罗伯特·德尼罗父亲之手。比尔·默瑞、肖恩·潘（Sean Penn）、艾德·哈里斯（Ed Harris）和克里斯托弗·沃肯（Christopher Walken）都曾光顾过这里。绕着街区转一圈，我们再次回到与哈德逊街（Hudson St）交会的富兰克林街上。哈德逊街上分布着若干明星经常光顾的顶级餐厅，如低调精致的日本餐厅 Nobu（105 Hudson St）；或是人气很高，主打有机食品的"巴比"（Bubby's, 118 Hudson St）。美容爱好者则可前往翠贝卡水疗（TriBeCa Medspa, 114 Hudson St）做做美容，这里甚至会举办"玻尿酸派对"，毫无疑问……包你紧致。

放慢脚步：探寻小意大利

之后我们取道白街（White St），重新回到**苏豪区**。

消防员
2001 年 9 月 11 日，和纽约其他消防站一样，正好位于警报范围内的云梯 8 号消防站也派出了消防车去世贸大楼救援。如今，消防站墙面上挂着一块牌匾，以此纪念当天失去生命的消防员文森特·G.哈洛伦（Lt Vincent G. Halloran）。

走在白街上，可以欣赏到小白楼（275 West Broadway），这里以前是一家售卖酒精饮料的商店，现在改造成了服装店。再远一点，"亮起霓虹"（Let There be Neon, 38 White St）这家画廊则将霓虹灯升华成了一门艺术。穿过百老汇大街，就钻进了昏暗狭窄的**科特兰小巷**（Cortlandt Alley），不要担心，这里很安全，但许多电影——不仅限于黑色电影——的暗巷惊魂场景都是在这里拍摄的：《高地人》（Highlander, 1986）、《鳄鱼邓迪》（Crocodile Dundee, 1986）、《轻狂岁月》（Basquiat, 1996）、《不知不觉爱上你》（Addicted to Love, 1997）、《业余小偷》（Small Time Crooks, 2000）和《裸体切割》（In the Cut, 2003），还有美剧《纽约重案组》（NYPD Blues）。

平安地穿过这条阴暗的小巷，右转上坚尼街，就进入了唐人街。

自打电影《龙年》（Year of the Dragon, 1985）上映，唐人街就名声大噪。然而电影中的整个场景都是在摄影棚里搭的。与其沿着斯坦利·怀特

哈里森大街
Harrison Street

从翠贝卡电影中心沿西南方向走一个街区，哈里森大街上一列排开六栋漂亮的砖房，它们建于19世纪，后来要么被废弃了，要么充作仓库。1978年，这几栋房子被市政府拍卖了。多少钱？每栋在3.5万—7.2万美元之间！

科特兰小巷

银幕中的纽约

警长（Captain Stanley White，米基·洛克［Micky Rourke］饰）的虚拟路线去冒险，并被卷入一场与三合会的生死决斗中，倒不如左转进入桑树街（Mulberry Street），去探索小意大利区，或者说，去探索这个区还剩下几分原汁原味的情调。说实话，小意大利区已经不复当年了，不过幸好还有圣格纳罗节（San Gennaro）。每年，庆典都会举办市集，大张旗鼓，唤醒这个街区的秋天。格兰街（Grand St）角，有两家店面，相对而开，让人很有欲望推门而入。右边那家是各种奶酪香气四溢的 Allev 乳品店（188 Grand St），左边则是 Onieals 餐吧（174 Grand St），《欲望都市》（Sex and the City）的剧迷会想走进去，小酌一杯 Cosmopolitan 鸡尾酒。

走完格兰街，让我们去参观街区里屹立不倒的老店：位于桑树街 176 1/2 号（176 1/2 Mulberry St）的**桑树街酒吧（Mulberry Street Bar）** ❸。它从外面看并不起眼，里面却是别有一番洞天。之前，这家酒吧的名字是 Mare Chiaro（镜海），推开木门就是一间地上铺满锯末的屋子，满屋的牌客。辛纳屈（Sinatra）曾是这里的常客，据说就连麦当娜（Madonna）也光顾过好几回。《教父3》（1990）、《现代爱情故事》（Frankie and Johnny，1991）、《格林威治村的教皇》（The Pope of Greenwich Village，1984），还有《爱你九周半》（Nine 1/2 Weeks，1986），都用过这家拥有复古点唱机的老店作为拍摄场景。

美剧《黑道家族》（The Sopranos）有不少集也是在这里拍摄的。但是这家意式美国小酒馆最辉煌的时刻之一，要数 1997 年，警察卧底约瑟夫·皮斯通（Joseph Pistone）——化名唐尼·布拉斯科（Donnie Brasco，约翰尼·戴普饰），与左撇子黑手党鲁吉罗（Lefty Ruggiero，阿尔·帕西诺饰），为了一枚假戒指而在此处密会。

纽约的意大利气息永远要向市区北部去追寻，例如坐落在布隆街（Broome St）一角，如今已经被游客占领的**翁贝托海鲜屋（Umberto's Clam House）** ❹。更换地址后，餐厅还是保留了原来的名字。当它还在桑树街 129 号时，演员和黑手党都会去他家享用丰盛的海鲜大餐。不远处，就是**圣帕特里克老教堂（St Patrick's Old Cathedral）** ❺（240-246 Mulberry St）。直到 1879 年，

翁贝托海鲜屋
1972 年 4 月 7 日，诨名"疯子"的黑手党人乔伊·伽洛（Joey Gallo）就在翁贝托海鲜屋旧址前被杀。很长一段时间里，对面楼门上都留有弹孔。

"教父"马龙·白兰度（Marlon Brando）在小意大利区

它都是纽约主要的天主教教堂之一，在这个意大利裔居民聚集的美国社区里扮演了很重要的角色，而小意大利区在今日纽约的形成过程中，也起到了举足轻重的作用。1973年，马丁·斯科塞斯（Martin Scorsese）导演的《穷街陋巷》中，两位不太虔诚的基督徒主角：乔尼（"Johnny Boy"，罗伯特·德尼罗饰）和查理（Charlie，哈维·凯特尔饰）在教堂的红砖墙下窃窃私语。次年，《教父》中，康妮·科莱昂（Connie Corleone，塔莉娅·希雷［Talia Shire］饰）的儿子在这里受洗：庆祝仪式伴随着杀戮展开。此时，迈克（Michaele，阿尔·帕西诺饰）正式接替死去的父亲维托（Vito，马龙·白兰度饰），成为新一代教父。

转向东西向：下东区

到了休斯顿街（Houston St），气氛就发生了变化。沿着下东区右边缘走，会发现这里犹太气氛仍然浓厚。其中有两个"景点"最为著名：**"里程碑"阳光电影院**（Landmark Sunshine Cinema）❻（143 East Houston St），这里从前是犹太剧场，现在则是一家影院，放映独立制作电影和高质量电影。还有**卡茨熟食店**（Katz's Delicatessen）❼（205 East Houston St），这家店售卖阿什肯纳兹犹太特色菜品，虽然有些过誉，但还是很棒的。1989年，在这家餐厅里上演了好莱坞最著名的一个"性高潮"场景——当然是假

37

■ 银幕中的纽约

詹姆斯·格雷在休斯敦街安吉利卡电影中心门前

的，请回想《当哈利遇到莎莉》（*When Harry Met Sally*）中满脸骄傲的莎莉与目瞪口呆的哈利。

当我们回想邻桌告诉服务员："请给我点和她一样的菜！"这个片段时还是会笑出来。在思考男女间是否有真挚友谊的同时，让我们离开休斯顿街，左转上东1街（East 1st St），随后右转抵达第二大道（2nd Ave）：位于32号的**电影资料馆**（Anthology Film Archives）❽是一家以地下电影为主的资料馆，入口在东2街（East 2nd St）上。想看场电影？**安吉利卡电影中心**（Angelika Film Center）❾（18 West Houston St）再合适不过。取道东1街，到布里克街（Bleecker St），然后左转进入美世街（Mercer St），就到了这家著名的电影院。在这里可以观看到新片：《墙壁之间》《老爷车》和《贫民窟的百万富翁》。不过建议大家填饱肚子再来，因为这里卖的饮料、杯糕和三明治都是天价！

在苏豪区旁边，休斯顿街往南，王子街（Prince St）上有一家会令《欲望都市》剧迷兴奋不已的店：这就是剧中主人翁之一夏洛特（Charlotte，克里斯汀·戴维斯［Kristin Davis］饰）曾经工作过的**路易·K. 梅塞尔画廊**（Louise K. Meisel Gallery）❿（141 Prince St）。离这里不远便是**拉乌尔餐厅**（Raoul's）⓫（108 Prince St）的厨房，穿过厨房可以进入餐厅——就是在这里，马修·布罗德里克（Matthew Broderick）在格里芬·邓恩（Griffin Dunne）执导的《不知不觉爱上你》（1997）中在后厨不情不愿地洗盘子。因为跟老板（切基·卡尤［Tcheky Karyo］饰）有仇，在餐厅招待纽约最受人敬畏的美食记者当晚，他放出了一大群蟑螂。在马丁·斯科塞斯执导、德尼罗、杰瑞·刘易斯（Jerry Lewis）

主演的《喜剧之王》(The King of Comedy, 1983)以及由安德鲁·戴维斯(Andrew Davis)执导,迈克尔·道格拉斯(Michael Douglas)、格温妮斯·帕特洛(Gwyneth Paltrow)和维果·莫腾森(Viggo Mortensen)主演的《超完美谋杀案》(A Perfect Murder, 1998)中,都有Raoul's餐厅出境。它位于连接苏豪区和格林威治村的重要战略位置上。

聚焦格林威治村

右转进入麦克杜格尔街(MacDougal St),向北走两个街区至与布里克街交会处便是**费加罗咖啡**(Figaro Café,已停业)❶。在布莱恩·德·帕尔马的优秀作品《情枭黎明》(1994)中,这间咖啡厅曾是卡利多(Carlito,阿尔·帕西诺饰)和前妻重逢的场景。左转沿着布里克街一直走,上美洲大道(Avenue of the Americas)之后立马右拐,进入窄小弯曲的**米娜塔街**(Minetta Street)❸,我们也可以称它为谢皮科街(Serpico St),因为在西德尼·吕美特(Sidney Lumet)于1973年拍摄的《冲突》(Serpico)一片中,廉洁的警察弗兰克·谢皮科就藏身在5—7号的地下室中。旁边,"胖黑猫"(Fat Black Pussycat)已经让位给了"潘奇托"(Panchito),这家墨西哥餐厅号称,他们调制的玛格丽

塔鸡尾酒可跻身曼哈顿前六名。离这里几步之遥,就是**米娜塔酒馆**(Minetta Tavern, 133 MacDougal St)。这家酒馆在电影《沉睡者》(Sleepers, 1996)中接待过布拉德·皮特(Brad Pitt)。至于位于119号,门脸粉刷成绿色的**瑞吉欧咖啡馆**(Caffe Reggio)❹呢,它曾出现在许多电影当中:《黑街神探》(Shaft, 1971)、《冲突》(1973),以及于1976年拍摄的《下一站格林威治村》(Next Stop Greenwich Village),这部电影很好地展现了"村里"20世纪50年代最棒的波希米亚氛围:那时,毒贩、瘾君子、作家、棋手、慢跑者、大学生、音乐家、诗人……都在这里擦肩而过。

接下来沿着**华盛顿广场公园**(Washington Square Park)❺走。这里的自然风景曾出现在许多长片中:还是我们所熟悉的《当哈利遇到莎莉》《不知不觉爱上你》和《超完美谋杀案》。除此之外,还有拉里·克拉克(Larry Clark)执导的《半熟少年》(Kids, 1995),这部影片因为过于露骨地展示了青少年的性、吸毒和艾滋病,在美国差点被禁止上映。伍迪·艾伦最温柔的影片《业余小偷》(2000)也在这座公园里取过景。**华盛顿广场北街**(Washington Square North)是公园的北部边界,这里矗立着一排漂亮的现代希腊艺术风格建筑物,又被称作"the

华盛顿广场公园

1826年在一座旧公墓的原址上完工,华盛顿广场公园是格林威治村的中心,也是纽约波希米亚文化的中心。1916年,一群艺术家登上华盛顿广场的拱门,宣布这里成为"新波希米亚"的国度。

39

Row"，很长一段时间里都是纽约最抢手的街区。

沿着麦克杜格尔街一直走，我们会经过"僧侣"中古服装店（Monk Vintage Store, 175 MacDougal St）摆设粗犷的橱窗，店内堆满了中古连衣裙、西装、帽子、羽毛围巾、假发和首饰……对面的人行道上，是**麦克杜格尔巷**（MacDougal Alley）的入口。它充满了一种时髦的波希米亚式风情，令人很有欲望去一探究竟，但可惜它是私家产业，所以参观是不抱什么希望了。之后，我们右转到西8街（West 8th St），再左转进入第五大道。是的，第五大道就从这里开始！它一直通向中央公园。让我们沿着第五大道往北走两个街区，右侧的东10街（East 10th St）通向大学广场（University Place），广场一角伫立着一栋雄伟的建筑，点缀着华丽的威尼斯风格装饰。这就是**博凯尔大楼**（The Beaucaire, 26 East 10th St）❻，除了名字是法语词外，这栋房子和法国没什么关系。20世纪90年代初，因为它赫赫有名的租客，这里曾经被称为"理查·基尔（Richard Gere）大楼"，按这个道理，我们也能称呼它为别的名字，例如"苏珊·萨兰登（Susan Sarandon）大楼"或是"蒂姆·罗宾斯（Tim Robbins）大楼"。参观完毕，我们重新向北走回大学广场，进入东12街（East 12th St）去瞧一眼——或是两眼——**格林威治村电影院**（Cinema Village）❼，它厚厚的招牌棚子自24号门口伸出。这里原来是个消防站，后来改成了电影院，45年来一直开门营业从无间断。三间放映室播放的影片类型众多，五花八门：亚洲电影、纪录片、

纽约的好莱坞

20世纪20年代，早在好莱坞成为制作人的宠儿之前，阿斯托利亚（Astoria）曾是美国电影业的中心。许多明星，像鲁道夫·瓦伦蒂诺（Rudolph Valentino）和马克斯兄弟（Marks Brothers）都在36大道（36th Ave）的派拉蒙（Paramount）工作室拍过电影。经过长时间的闲置，这里的片场改名为考夫曼·阿斯托利亚工作室（Kaufman Astoria Studios, 34-12 36th Ave）又重新开门营业。旁边就是纽约移动影像博物馆（派拉蒙原总部，位于35th Ave和36th St交会处），放映互动动画、珍贵影片，并举办电影道具展，例如《教父》中马兰·白兰度戴的假牙套、《出租车司机》中德尼罗的鸡冠头假发、楚巴卡（Chewbacca）的头、《考斯比一家》（Cosby Show）中男主人公比尔·考斯比（Bill Cosby）的套头衫，在这里，不论大人小孩都会觉得味十足。位于长岛市，规模巨大的银杯电影制片厂（Silvercup Studios, 42-22 22nd St）并不面向公众开放，像《欲望都市》《黑道家族》等许多制作都出自这里。还有著名的纽约皇后区国际电影节（Queens International Film Festival），每年十一月它都会向全世界的导演发出邀请，旨在通过电影银幕进行文化交流。

独立电影……

再走几步就上了第五大道。向南走一个街区，达斯汀·霍夫曼的影迷可以去**西11街16号**（16 West 11th St）⑱的窗边缅怀一番。经过几年的苦日子，霍夫曼的作品《毕业生》（The Graduate，1967）和《午夜牛郎》（Midnight Cowboy，1969）都大获成功，随后他就住进了这里。后来到了70年代，"气象员"（Weathermen）这个激进学生组织不小心把他家隔壁的地下室炸了，霍夫曼先生才搬到上西区比较安静的街区。

开拍！西村

接下来，向左拐走上美洲大道（Avenue of the Americas），走一个街区左右的距离，然后左转进入西10街，**"补丁地"**（Patchin Place）就栖息在这条街上。在这条安静的死胡同里，醉心于十月革命的记者约翰·里德（John Reed）写出了《震撼世界的十天》（Ten Days That Shook the World）。沃伦·比蒂（Warren Beatty）自导自演的电影《烽火赤焰万里情》（Reds，1981），就是以这位社会主义战士为灵感而拍成的。约翰·里德于1920年死于莫斯科。出生在内布拉斯加州荒野的马兰·白兰度刚到纽约时，也住在"补丁地"，这里离**先锋村**（Village Vanguard）⑲（178 7th Ave）也不远。先锋村创店于1935年，是一间充满活力的爵士俱乐部。2003年，出于拍摄电影《奇招出尽》（Anything Else）的需要，与俱乐部同岁的伍迪·艾伦在片中把它改成了一家钢琴酒吧。再多走两步，就到了**克里斯朵夫街**（Christopher St）。作为纽约同性恋圣地，这条生机勃勃的街上布满了酒吧和成人用品商店。我们这就到了格林威治村的"历史"中心，它令人想起昔日的纽约。为了拍电影需要，不同导演会把这里拍成不同的模样，游客在这里经常能碰见正在拍摄电影的团队。20世纪90年代，四位合租的房客就住在**贝德福德街90号**（90 Bedford St）：莫妮卡（Monica）、瑞秋（Rachel）、乔伊（Joey）和钱德勒（Chandler），他们就是美剧《老友记》（Friends）中不离不弃的伙伴。旁边的86号就是十分隐秘的**查姆利酒吧**（Chumley's）⑳，它在美国禁酒

纽约同性恋

1969年6月27号是同性恋偶像朱迪·加兰（Judy Garland）的葬礼日，警察在这一天粗暴地搜查了位于克里斯朵夫街53号的石墙酒吧（Stonewall Inn）。随后，为了争取合法权益，同性恋在城中举行示威游行，并整整持续了四天。一年后，为了纪念此次事件，人们组织了第一届同性恋大游行。

41

■ 银幕中的纽约

足不出户看纽约：40部关于"大苹果"的电影

《移民》(*The Immigrant*，查理·卓别林 [Charlie Chaplin] 导演，1917)

《金刚》(*King Kong*，梅里安·库珀 [Merian Cooper]、欧尼斯特·舍德萨克 [Ernest Schoedsack] 导演，1933)

《不夜城》(*The Naked City*，朱尔斯·达辛 [Jules Dassin] 导演，1948)

《小逃亡者》(*Little Fugitive*，莫里斯·恩格尔 [Morris Engel] 导演，1953)

《码头风云》(*On the Waterfront*，伊利亚·卡赞 [Elia Kazan] 导演，1954) 马兰·白兰度主演

《七年之痒》(*The Seven Year Itch*，比利·怀德 [Billy Wilder] 导演，1955) 玛丽莲·梦露 (Marilyn Monroe) 主演

《影子》(*Shadows*，约翰·卡萨维茨 [John Cassavetes] 导演，1959)

《西区故事》(*West Side Story*，杰罗姆·罗宾斯 [Jerome Robbins]、罗伯特·怀斯 [Robert Wise] 导演，1961) 娜塔利·伍德 (Natalie Wood) 和乔治·查金思 (George Chakiris) 主演

《蒂凡尼早餐》(*Breakfast as Tiffany's*，布莱克·爱德华兹 [Blake Edwards] 导演，1961) 奥黛丽·赫本 (Audrey Hepburn) 主演

《美国，美国》(*America, America*，伊利亚·卡赞导演，1963)

《午夜牛郎》(约翰·施莱辛格 [John Schlesinger] 导演，1969) 达斯汀·霍夫曼和强·沃特 (John Voight) 主演

《黑街神探》(戈登·帕克斯 [Gordon Parks] 导演，1971)

《法国贩毒网》(*French Connection*，威廉·弗莱德金 [William Friedkin] 导演，1971) 吉恩·哈克曼 (Gene Hackman) 和罗伊·施奈德 (Roy Scheider) 主演

《教父》三部曲 (弗朗西斯·福特·科波拉 [Francis Ford Coppola] 导演，1972/1974/1990)

《穷街陋巷》(马丁·斯科塞斯导演，1973) 哈维·凯特尔和罗伯特·德尼罗主演

《冲突》(西德尼·吕美特导演，1973)，阿尔·帕西诺主演

《出租车司机》(马丁·斯科塞斯导演，1976) 罗伯特·德尼罗和朱迪·福斯特主演

《安妮·霍尔》(伍迪·艾伦导演，1977) 伍迪·艾伦、黛安·基顿和克里斯托弗·沃肯主演

《周末夜狂热》(*Saturday Night Fever*，约翰·班德汉姆 [John Badham] 导演，1978) 约翰·特拉沃尔塔 (John Travolta) 主演

《曼哈顿》(伍迪·艾伦导演，1979)，伍迪·艾伦、黛安·基顿和梅丽尔·斯特里普 (Meryl Streep) 主演

《纽约大逃亡》(*New York 1997*，约翰·卡朋特 [John Carpenter] 导演，1981)

《捉鬼敢死队》(伊万·雷特曼 [Ivan Reitman] 导演，1984) 丹·艾克罗伊德和比尔·默瑞主演

《美国往事》(*Once Upon a Time in America*，塞尔吉奥·莱昂内 [Sergio Leone] 导演，1984) 罗伯特·德尼罗和詹姆斯·伍兹 (James Woods) 主演

《寻找苏珊》(*Desperately Seeking Susan*，苏珊·塞德尔曼 [Susan Seidelman] 导演，1985) 罗珊娜·阿奎特 (Rosanna Arquette) 和麦当娜主演

《当哈利遇到莎莉》(罗伯·莱纳 [Rob Reiner] 导演，1989) 比利·克里斯托 (Billy Crystal) 和梅格·瑞恩 (Meg Ryan) 主演

《人鬼情未了》(*Ghost*，杰瑞·扎克 [Jerry Zucker] 导演，1990) 乌比·戈德堡 (Whoopi Goldberg)、黛米·摩尔和帕特里克·斯威兹 (Patrick Swayze) 主演

《情枭黎明》(布赖恩·德·帕尔马导演，1993) 阿尔·帕西诺和肖恩·潘主演

《小奥德萨》(詹姆斯·格雷导演，1994) 蒂姆·罗斯 (Tim Roth) 和爱德华·福隆 (Edward Furlong) 主演

《虎胆龙威3》(*Die Hard 3*，约翰·麦克蒂尔南 [John McTiernan] 导演，1995) 布鲁斯·威利斯 (Bruce Willis) 和塞缪尔·杰克逊 (Samuel L. Jackson) 主演

《烟变奏之吐尽心中情》(*Blue in the Face*，王颖、保罗·奥斯特 [Paul Auster] 导演，1995) 哈维·凯特尔主演

《黑衣人》(*Men in Black*，巴里·索南菲尔德 [Barry Sonnenfeld] 导演，1997) 威尔·史密斯 (Will Smith) 和汤米·李·琼斯 (Tommy Lee Jones) 主演

《哥斯拉》(*Godzilla*，罗兰·艾默瑞奇 [Roland Emmerich] 导演，1998) 马修·布罗德里克和让·雷诺 (Jean Reno) 主演

《家族情仇》(詹姆斯·格雷导演，2000) 马克·沃尔伯格 (Mark Wahlberg) 和杰昆·菲尼克斯主演

《蜘蛛侠》(*Spider-man*，山姆·雷米 [Sam Raimi] 导演，2002) 托比·马奎尔 (Tobey Maguire) 和克斯汀·邓斯特 (Kirsten Dunst) 主演

《纽约黑帮》(*Gangs of New York*，马丁·斯科塞斯导演，2002) 莱昂纳多·迪卡普里奥 (Leonardo DiCaprio) 和丹尼尔·戴-刘易斯 (Daniel Day-Lewis) 主演

《后天》(*The Day after Tomorrow*，罗兰·艾默瑞奇导演，2004) 丹尼斯·奎德 (Dennis Quaid) 和杰克·吉伦哈尔 (Jake Gyllenhaal) 主演

《金刚》(彼得·杰克逊 [Peter Jackson] 导演，2005) 娜奥米·沃茨 (Naomi Watts) 和艾德里安·布洛迪 (Adrien Brody) 主演

《世贸中心》(*World Trade Center*，奥利佛·斯通 [Oliver Stone] 导演，2006) 尼古拉斯·凯奇 (Nicolas Cage) 主演

《欲望都市》(迈克尔·帕特里克·金 [Michael Patrick King] 导演，2008) 莎拉·杰茜卡·帕克 (Sarah Jessica Parker) 主演

时期幸存了下来，也保留了当时入口门后的楼梯台阶，其目的是为了拖延警察破门搜查的时间。后来，这家酒吧就迎来了一批优秀的文坛奇才：海明威（Hemingway）、狄兰·托马斯（Dylan Thomas）、艾伦·金斯堡（Allen Ginsberg）、斯科特·菲茨杰拉德（Scott Fitzgerald）、斯坦贝克（Steinbeck）、福克纳（Faulkner）、凯鲁亚克（Kerouac），甚至还有西蒙娜·德·波伏娃（Simone de Beauvoir）……它也作为场景出现在许多电影中，例如《烽火赤焰万里情》、伍迪·艾伦的《业余小偷》，以及艾德·哈里斯自导自演的《波洛克》（Pollock）。如今，我们在餐厅吃饭的同时，可以幻想这些名人中随便哪一位跨过门槛走进来的场景。建于1854年的**葛洛夫庭院**（Grove Court）的入口就隐藏在葛洛夫街（Grove St）上，这里本来是马厩，不过后来很快就变成了工人宿舍。今天，它并不对游客开放。距离这里一步之遥就是**樱花巷剧院**（Cherry Lane Theater）㉑（38 Commerce St），爱德华·阿尔比（Edward Albee）和哈罗德·品特（Harold Pinter）的处女作，还有塞缪尔·贝克特（Samuel Beckett）英文版《等待戈多》（En attendant Godot）的首演，都是在这里登场的。1954年詹姆斯·迪恩（James Dean）在这里出演了一部索福克勒斯（Sophocles）的戏剧。这家于1924年由诗人埃德娜·文森特·米莱（Edna St. Vincent Millay）创立的小剧院，也曾出现在许多电影中：又是《烽火赤焰万里情》，以及伍迪·艾伦的《另一个女人》（Another Woman，1988），更稀奇的还有克洛德·勒鲁什（Claude Lelouch）执导的《战火浮生录》（Les Uns et les Autres）。还是在这家小剧院，丹泽尔·华盛

斯派克·李

斯派克·李生于亚特兰大，很小就搬到了他最爱的布鲁克林区。在这里他拍摄了许多电影：《为所应为》（Do the Right Thing）《稳操胜券》（She's Gotta Have It）……《没有更好的布鲁斯》则是他为数不多的在曼哈顿取景的电影。

顿（Denzel Washington）在斯派克·李（Spike Lee）执导的《没有更好的布鲁斯》（Mo'better Blues）中吹奏过小号。爱好80年代金曲的歌迷会发现，蒂娜·特纳（Tina Turner）火遍全球的金曲《与爱何干》（What's Love Got To Do With It?）的MV，也是在这里拍摄的。再往前走两步，位于50号的餐厅 Grange Hall，曾在爱德华·伯恩斯（Edward Burns）1995年拍摄的《麦克马伦兄弟》（The Brothers McMullen）和伍迪·艾伦2003年执导的《奇招出尽》中出过镜。

《欲望都市》的最后一集也是在这里拍摄的。关门停业一段时间后，它以旧名 Blue Mill Tavern 重新营业（现已停业）。

现在让我们离开这些影片，重新回到右边的贝德福德街（Bedford St）。在77号的角落里，正是格林威治村里现存最古老的一批建筑：**艾萨克·亨德里克斯故居**（Isaac Hendricks House）❷，建于1799年。它旁边的75½号的特别之处则是这里矗立着全曼哈顿最窄的房子：仅宽2.9米！这座漂亮的小房子曾是约翰·巴里摩尔（John Barrymore）的甜蜜故居，这位在两次世界大战之间红得家喻户晓的明星也是演员德鲁（Drew）的祖父。也有别的明星在**莫顿街66号**（66 Morton St）❷住过——不过只是为了拍摄电影——它位于偏南的一个街区，在右手边：《打工女郎》（Working Girl，1989）里的哈里森·福特（Harrison Ford）、《纽约的秋天》（Autumn in New York，2000）中的薇诺娜·瑞德（Winona Ryder）。除此之外，这栋房子在沃伦·莱特（Warren Leight）执导的《纽约夜月情》（The Night We Never

上东区：伍迪·艾伦的故乡

在上东区，艾伦·斯图尔特·柯尼斯堡（Allen Stewart Königsberg）这个神经兮兮的犹太裔纽约人的踪迹是绝对不可错过的。第一次伴随父亲参观富有的上东区时，年少的伍迪·艾伦就梦想着可以住在这里：从1969年到90年代，他一直住在第五大道930号宽敞的复式公寓里。除此之外他的活动范围包括：时尚的意大利餐厅"埃莱娜"（Elaine's，1703 2ⁿᵈ Ave）、《人人都说我爱你》（Everyone Says I Love You）中优美的卡尔·舒尔茨公园（Carl Schurz Park，位于East End Ave和东河之间）、《曼哈顿》中的布鲁明戴尔百货公司（Bloomingdale's，1000 3ʳᵈ Ave），以及周一，他会和他的爵士乐队一起在卡莱尔酒店（Carlyle Hotel，35 East 76ᵗʰ St）酒吧演奏单簧管……当然，还有中央公园。

马丁·斯科塞斯在休斯顿街上拍摄《愤怒的公牛》（*Raging Bull*）

Met，1994）中还出现过，是马修·布罗德里克、蒂姆·金尼（Tim Guinee）和米歇尔·赫斯特（Michelle Hurst）这三位超级房客的合租屋。

哈德逊公园：Cut！

左转，再左转，眼前就是格林威治村的建筑瑰宝：**圣路加广场**（St Luke's Place）。它属于勒罗伊街（Leroy St）的一段，在这里，坐落着充满意式风情、三角楣布满精美雕花的褐石屋。

在特伦斯·杨（Terence Young）执导的惊悚片《盲女惊魂记》（*Wait Until Dark*，1967）中，就是在这里，挂着门牌号4号的那栋屋子里，失明、饱受惊吓的奥黛丽·赫本曾经瑟瑟发抖。美剧《考斯比一家》的忠实粉丝则会认出，10号就是有名的非裔美国家庭考斯比一家的住宅——竟然有很多人认为他们住在布鲁克林区！对面的人行道直通小**哈德逊公园**（Hudson Park），

公园内设有儿童玩耍区域，还有个露天泳池。就是在这座公园里，《愤怒的公牛》男主人公、拳击手杰克·拉莫塔（Jake LaMotta，罗伯特·德尼罗饰），被一名以后将成为他妻子的15岁少女深深迷住，但到后来，他对她的爱却发展成了一种病态甚至是暴力的嫉妒和猜疑。我们沿着第七大道（7th Ave）走，可以重新回到地铁休斯顿街（Houston St）站（1号线）。这里离**电影论坛剧院**（Film Forum）㉔（209 West Houston St）很近，这家剧院主要播放文艺片和实验电影。不过，对电影迷来说，要想继续迷影之旅，就得沿着勒罗伊街一直向前走，直到西4街（West 4th St）的地铁F线上。这条线路向北通往列克星顿大道/63街地铁站（Lexington Ave/63rd St），即伍迪·艾伦最钟爱的上东区的大门；向南通向登波区（Dumbo）和康尼岛这两个在电影中出现过无数次的景点。

康尼岛

从莫里斯·恩格尔（《小逃亡者》，1953）到达伦·阿罗诺夫斯基（Darren Aronofsky）的《梦之安魂曲》，*Requiem for a Dream*，2000），从伍迪·艾伦《安妮·霍尔》，1997）到詹姆斯·格雷（《小奥德萨》，1994），许多导演都将镜头对准了康尼岛荒寂的海滩和布莱顿海滩的俄国区。

45

■ 银幕中的纽约

柏油马路上的漫画对话框

漫画并非诞生在纽约，而是瑞士。尽管如此，虽说日内瓦漫画家鲁道夫·托普费尔（Rodolphe Töpffer）通常被看作漫画的先驱，很多人还是认为，1896 年《纽约世界》（New York World）上刊登的专栏，标志着"现代"漫画的诞生。那是理查德·奥特考特（Richard. F. Outcault）创作的《霍根小巷》（Hogan's Alley）系列漫画，画面被分割成一个个小格子，不久改名《黄孩子》（Yellow Kid）。他的主人公是世上第一个在漫画对话框"里头"说话的人。

纽约如画的线条和色彩，都给漫画创作提供了极佳的灵感。繁忙的都市巴别塔、高耸入云的摩天大楼，都为超级英雄的冒险故事提供了最理想的背景。超级英雄诞生于 20 世纪 30 年代，当时，深陷经济危机的美国需要寻找梦想：幻影侠（Phantom）、勇敢王子（Prince Valiant），到后来的超人、蝙蝠侠、绿灯侠和神奇女侠。他们都神通广大，能够上天入地。纽约就是罪恶的哥谭市，反之亦说得通。

对于许多美国漫画家来说，纽约是他们的福音。最著名的漫画家之一，威尔·艾斯纳（Will Eisner）就出生在布鲁克林区。他的《纽约：大都市》（New York: Big City）总共五卷，犹如一幅纽约的自画像，从中可以感受到这座城市的脉动，了解这里的高楼大厦、风土人情。和他齐名的漫画家阿特·斯皮格尔曼（Art Spiegelman）是史上唯一一部获得过普利策奖的漫画《鼠族》（Maus）的作者，他为《纽约客》（New Yorker）杂志创作过许多封面，都收入了插画集《来自纽约的吻》（Kisses from New York）当中。而在多斯·帕索斯（Dos Passos）插画版的《曼哈顿中转站》（Manhattan Transfer）中，面对迈尔斯·海曼（Miles Hyman）以精细优美的笔触勾勒出的这座万花筒般的城市，除了惊叹，我们还能说些什么？

欧洲人，其中当然包括法国人，经常以漫画的方式描述这座国际性大都会的魅力。如塔蒂（Tardi）的《纽约我爱你》（New York Mi Amor），以及收录夏林（Charyn）、吉永（Gillon）、朱利雅（Juillard）、显克微支（Sienkiewicz）和特龙谢（Tronchet）作品的短篇漫画集《纽约，纽约！》（New York, New York!）。至于科幻未来世界里，我们经常会想到《星际特工》（Valérian）画家让 - 克劳德·梅齐埃（Jean-Claude Mézières）笔下的纽约，它纵横交错的街道被大洪水淹没。这位对美国文化抱有热情的漫画家也为吕克·贝松（Luc Besson）的《第五元素》（Cinquième Élément）提供了很多灵感。而离我们最近的，当然要数里亚德·萨杜夫（Riad Sattouf）的《纽约无性爱》（No Sex in New York）了。

在大西洋两岸，关于"大苹果"的漫画总是很受欢迎，成千上万的漫迷拥向**纽约漫展**（New York Comic Con）。2006年以来，这个新生的漫展通常在二月份举办，吸引为寻宝而来的读者和漫迷来到雅各布·贾维茨会展中心（Jacob Javits Convention Center）。这里展出的一期《惊奇幻想》杂志（*Amazing Fantasy*）——蜘蛛侠就是在这一期里初次登场的——标价78000美元！除了漫展，漫迷还可以去参观下列景点，尽情享受漫画的饕餮盛宴：**动漫艺术博物馆**（Museum of Comic and Cartoon Art, 594 Broadway）、超大的漫画专卖店**"禁忌星球"**（Forbidden Planet, 40 Broadway），以及有两家分店的**圣马可漫画店**（St Marks Comics, 11 St Mark's Place, 148 Montague St）和**中城漫画店**（Midtown Comics, 200 W 40th St, 459 Lexington Ave）。最后，对于插画迷来说，**插画师协会**（Society of Illustrators, 128 East 63rd St）有许多值得一看甚至是可以购买的选择。最后，让我们抱着享乐的心态，去和**卡莱尔酒店**的白蒙酒吧（Bemelman's Bar）来场约会吧。这座别致的港湾，它的室内设计是《玛德琳》（*Madeline*）作者路德维希·白蒙（Ludwig Bemelmans）。在美国孩子中间，玛德琳是无人不知无人不晓的女主角。

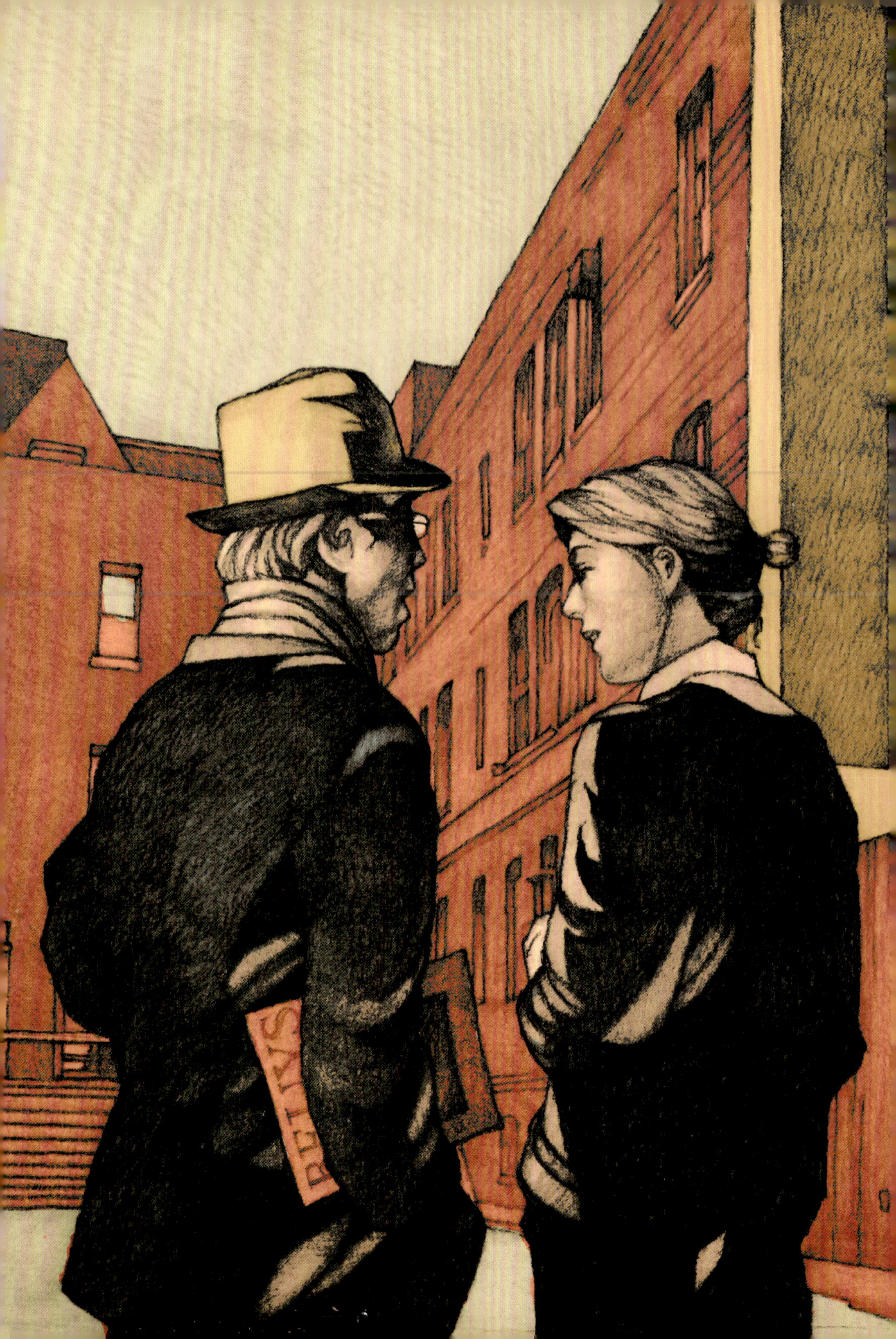

艺术纽约

艺廊与潮流前线

路线

Map labels

West 29th St
West 27th St
West 26th St
West 25th St
West 24th St
West 23rd St
West 22nd St
West 21st St
West 20th St
West 19th St
West 18th St
West 17th St
West 16th St
West 15th St
West 14th St
31st Dr
33rd Ave
33rd Rd
34th Ave
35th Ave
36th Ave
37th Ave
38th Ave
39th Ave
40th Ave
41st Ave
41st Rd
43rd Rd
44th Ave
44th Dr
44th Rd
45th Ave
45th Rd
46th Ave
47th Ave
47th Rd
48th Ave
9th St, 10th St, 11th St, 12th St, 13th St, 14th St, 21st St, 22nd St, 23rd St, 24th St, 25th St, 27th St, 28th St
Broadway
Eleventh Ave (West Side Hwy)
Tenth Ave
Ninth Ave
Eighth Ave
Seventh Ave
Vernon Blvd
Jackson Ave
Queens Blvd
Northern Blvd
Skillman Ave
Thomson Ave
Crescent
Hunter St
Davis St
Crane St
Purves St
Court Sq
Queens Plaza
Queensboro Plaza
Queensboro Bridge W
59th St Bridge
East River
Roosevelt Island

Locations

- Central Stores Terminal Warehouse
- Starrett-Lehigh Building
- Paul Kasmin
- Chelsea Park
- Upright Citizen's Brigade Theater
- MIDTOWN WEST
- London Terrace
- David Barton Gym
- Chelsea Hotel
- Vers le Queens
- CHELSEA
- Kitchen
- Joyce Theater
- Dance Theater Workshop
- Chelsea Market
- Maritime Hotel
- Milk
- Wooster Project
- DWR
- Vitra
- 8th Ave-14th St
- MEATPACKING DISTRICT
- 起点
- 终点
- CHELSEA 切尔西
- Socrates Sculpture Park
- Noguchi Museum
- HUNTERS POINT
- Galerie Dorsky
- 23rd St-Ely Ave
- Court Sq-Long Island City
- 45th Rd-Court House Sq
- P.S.1 Contemporary Art Center
- Sculpture Center
- Citicorp Building
- 5 Pointz

Legend

- ● ● ● 地铁观光路线
- ━ ━ 公交车观光路线

CHELSEA

10. Arts Building
11. Alan Klotz Gallery
12. Yvon Lambert
13. Eyebeam Art and Technology Center
14. Chelsea Art Museum
15. PaceWildenstein
16. Balenciaga
17. Comme des Garçons
18. Matthew Marks
19. Empire Diner
20. The Half King
21. Metro Pictures
22. Mary Boone
23. Gagosian

0   500 m

出发：第八大道—14街地铁站（8th Ave – 14th St）
到达：长岛市苏格拉底雕塑公园（Socrates Sculpture Park, Long Island City）
实用贴士：这是一条有趣的双线游览路线。如果想深度游览图中标出的所有文化景点，要花上两天时间。

艺术纽约

艺廊与潮流前线

作为世界文化中心，纽约一直都保持着生机勃勃的活力。全年，无数人为了参加数以千计的开幕式、预展、演出……而拥进纽约。自40年前艺术家发掘苏豪区开始，文化气息就开始向四处传播，首先波及的区域是切尔西（Chelsea）。这个老工业区位于西区（West Side），在第十大道（10th Ave）西边，如今是纽约艺廊最集中的地方，展出许多名家和年轻艺术家的作品。今天，切尔西最受欢迎的景点是高线公园（Highline）。老旧的高架铁路被改成了距地面9米、横跨艺术区的绿色走廊。一期工程刚刚完工启用。现在，我们可以站在一条完整的艺术走廊之上，眺望这片繁星满布的文化星空。东河对岸，威廉斯堡（Williamsburg）展出的作品比登波区更加具有反叛性，而在长岛呢，这里的作品不论是艺术爱好者或者门外汉都会觉得有趣。皇后区（Queens）以西，这里初看是个单调、喧闹的郊区，并不吸引人，如今却摇身一变，成了一个超级时尚的街区，开了许多家不可思议的潮店。满是涂鸦的仓库，或是藏有新奇装置作品的地下室、草坪上伫立着雄伟雕塑的公园……尤其不能错过PS1当代艺术中心这颗明珠。它是纽约现代美术馆（MoMA）的分馆，由一所小学改建而成。

1. 瑞士家具品牌Vitra
2. DWR
3. 伍斯特计划
4. 牛奶
5. 切尔西市场街
6. 海洋酒店
7. 乔伊斯剧场
8. 舞蹈剧场工作室
9. "厨房"剧院
10. 艺术大厦
11. 艾伦·克罗兹画廊
12. 伊玛·兰伯特画廊
13. 艾比姆艺术与技术博物馆
14. 切尔西艺术博物馆
15. 佩斯–威尔顿斯坦画廊
16. 巴黎世家
17. Comme des Garçons
18. 马修·马克斯画廊
19. 帝国餐吧
20. "半王"
21. 大都市图片画廊
22. 玛莉·布恩画廊
23. 高古轩画廊
24. 施特莱特–雷哈伊大厦
25. 中央商店仓库码头
26. 保罗·卡斯敏画廊
27. 正直公民旅团剧场
28. 切尔西旅馆
29. 戴维·巴顿健身房
30. 雕塑中心
31. "五点"
32. PS1当代艺术中心
33. 多尔斯画廊
34. 猎人角
35. 野口勇博物馆
36. 苏格拉底雕塑公园

聚光灯下的肉库区
（Meatpacking）

肉库区位于翠贝卡和切尔西之间，哈德逊河河畔，由十几个街区和若干街道组成。然而从许多年前开始，不论昼夜，肉库区都在纽约社交地图上闪闪发光。奢侈业最终赶走了这里的屠夫、肉店老板甚至还有妓女。开幕式和预展取代了不堪入目的社会新闻，成为本地小报的主要内容。一群打扮得如同《欲望都市》主人公一样的人迫不及待地拥入当地的时髦餐厅，例如香料市场（Spice Market, 403 W 13rd St）、甘斯福特酒店（Gansevoort, 18 9th St）和海洋酒店（Maritime, 363 W 16th St）的酒吧，还有各种精品潮店，如：鞋子天堂（Shoegasm, 71 8th St）、亚历山大·麦奎因（Alexander McQueen, 417 W 14th St）亦或是史黛拉·麦卡特尼（Stella McCartney, 429 W 14th St）。从第八大道地铁站（8th Ave，A、C、E线）一出来，沿着这个时尚新潮的街区向北走，就能到达第九大道（9th Ave）。

弗洛朗餐厅（Chez Florent）

餐厅的法国老板弗洛朗·莫雷莱（Florent Morellet）是肉库区的著名人物和先驱者，在2008年的时候他被迫关闭了餐厅。最终，疯狂要价的房东迫使这家座无虚席的著名餐厅关了门。十三年前的房租是每月6000美元，而现在的要价是原来的10倍。

肉库区的弗洛朗餐厅

29 号是专业的瑞士家具品牌 **Vitra❶**，这里既是商品陈列室又是博物馆，高三层的楼房里摆满不可错过的 20 世纪精品家具。在这里可以欣赏到被视为"经典"的创作，如伊姆斯（Eames）的胶合板座椅、维纳尔·潘顿（Verner Panton）的彩色塑料椅、弗兰克·盖里的纸家具，还有几件野口勇（Noguchi）的出色作品。离这里不远，就是 **DWR❷**（408 W 14th St）的招牌，与其他高端家具品牌相比，它并不是那么遥不可及。店里有许多不错的选择，或多或少都是经典——有密斯·凡德罗（Mies Van der Rohe）和贾斯帕·莫里森（Jasper Morrison）的作品——价格比较亲民，都在本区居民可以承受的范围内。

向切尔西前进

在切尔西区边缘，西 15 街（W 15th St）上有两家特别的画廊：**伍斯特计划（Wooster Project）❹**（418 号）和**牛奶（Milk）❸**（450 号）。前者以波普艺术为主，轮番展出受人尊敬的艺术偶像（沃霍尔、巴斯奎特、利希滕斯坦、霍克尼）和一些不为人知的艺术家作品；"牛奶"这家内部装修洁白无瑕的画廊经常承办展览和演出。随后马上右转上第十大道（10th Ave），从后门进入热闹的**切尔西市场街（Chelsea Market）❺**，这是一条拱廊商业街，里面全是好东西。从市场出来再走 250 米，就上了第九大道（9th Ave），大概在**海洋酒店（Maritime）❻**的正对面。酒店的表面全是舷窗，大堂是 20 世纪 50 年代的风格。接下来向北走，第九大道穿过切尔西的历史中心，这里的几个街区耸立着优美整齐的褐石屋。切尔西在战前曾是个活力洋溢的戏剧区。现在，大部分的热门戏剧都转移到了时代广场那边，但西 19 街（West 19th）上的几间剧院仍然吸引着一批热爱非传统戏剧的观众们，例如：由一家旧电影院翻新而成、有许多高水平现代舞团的**乔伊斯剧场（Joyce Theater）❼**（8th Ave 拐角），**舞蹈剧场工作室（Dance Theater Workshop）❽**（219 号）的实验演出以及迷你前卫的"**厨房**"**剧院**（Kitchen）❾（512 号）。

切尔西曲曲折折的艺术之路

高线公园就位于此附近。它由废弃的高架铁路改建而成，穿过切尔西，与第十大道走向相同。这条非常适合惬意散步的高空绿色走廊下面布满了艺廊。

切尔西市场

切尔西市场的橱窗里满是丰盛美味的食品：海鲜、鱼肉、甜点……这条商业街隐藏在一家废弃的饼干厂里，这里还有报亭、咖啡馆、红酒吧和全纽约最光芒闪耀的餐厅之一——"看佛"（Buddakan）。

53

■ 艺术纽约

高空绿色步道

高线公园的创立可以追溯到很久以前！曾经有许多声音——包括前纽约市长鲁迪·朱利安尼——都呼吁拆除这条锈迹斑斑、杂草丛生、被废弃在曼哈顿以西的空中铁路。1999年,"高线之友"（Friends of the Highline）这个组织决定对铁路进行保护整修工作。经过几个月激烈的斗争，新市长迈克尔·彭博（Michael Bloomberg）也站到了他们这边。法院判处原拆毁议案无效，理由是没有事先进行民意调查。整修工程于2006年开始。之后几个月，西切尔西和肉库区上空出现了一条绿色的走廊，从34街（34th St）蜿蜒延伸至甘斯福特街（Gansevoort St）。这条长约两千多米的蛇形走廊与城市景观相融合，漫步在这上面，可以俯瞰纽约最美的街道和哈德逊河，并帮助振兴了这个满是画廊、loft建筑和精品店的曼哈顿最时髦的老工业区。一期工程已经完工，对接下来的工程人们已经迫不及待。

因为切尔西是曼哈顿的艺术中心之一——至少它的西边，从第十大道到哈德逊河，一直是一个人烟稀少，充斥着车库、停车场和仓库的老工业区，直到20世纪90年代才开始振兴发展。为了逃离苏豪区昂贵的租金，十几个艺廊主人跑到了这个当时尚拥有各种美好空间，未被过度开发的街区。在钢、铁、混凝土包围的环境下，这200多家艺廊通常在周二到周六的10点到18点开门营业。早上几乎门可罗雀，下午也十分安静，而这个切尔西会随着每周四周五晚上的预展开幕式重新活过来。

我们可以在**纽约画廊导览**（New York Galleries Tour, 526 W 26th St）预约一场带导览的参观，也可以根据自己的喜好闲逛：南北方向可以参观**艺术大厦**（Arts Building）❿（529 W 20th St），还有位于西25街511号的**艾伦·克罗兹画廊**（Alan Klotz Gallery）⓫，这里会展出优秀的摄影作品。

54

东西方向上，从 21 街到 27 街，可以一个街区一个街区地参观。我们将去**伊冯·兰伯特画廊**（Yvon Lambert）❿（550 W 21 St），它拥有各式各样来自欧洲的装置作品，还有**艾比姆艺术与技术博物馆**（Eyebeam Art and Technology Center）❸（540 号），去享受一次声响与多媒体的奇特体验。在第十一大道和 22 街的交会处，**切尔西艺术博物馆**（Chelsea Art Museum）❹ 精心修复的门面里有让·米奥特（Jean Miotte）基金会。这位喜欢借抽象抒情的法国画家的作品与当代一些非凡艺术家的作品一起展出，如保罗·伯里（Pol Bury）和米莫·罗泰拉（Mimmo Rotella）。博物馆的节目单还包括各种圆桌会讨论和表演，它致力于反思作品、背景、艺术家与公众之间的关系。

一些珍品则散落在 22 街上。上城 57 街上的**佩斯 – 威尔顿斯坦画廊**（Pace Wildenstein）❺（545 号）在上城的 57 街经常展出许多名家作品（考尔德[Calder]、罗斯科[Rothko] 或戴安·阿勃丝[Diane Arbus]），而在这个位于 22 街 545 号的分馆里则可以参观到理查德·阿维顿（Richard Avedon）的黑白肖像盛宴。

在切尔西的马乐伯画廊（Marlborough Gallery）前

■ 艺术纽约

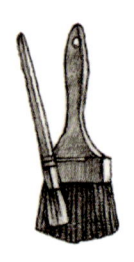

东 57 街（East 57th St）

喜爱漂亮事物的艺术爱好者，可以去参观位于上东区入口处的 57 街上的那些著名画廊。其中有两家绝对不可错过：32 号以当代艺术为主的佩斯—威尔顿斯坦画廊；摄影方面，则是位于 41 号宏伟的熨斗大厦 14 层的霍华德·格林伯格画廊（Howard Greenberg）。

此外，时尚气息占据了正对面的街区，**巴黎世家**（*Balenciaga*）❶⓰ 驻扎在 542 号漂亮的白色砖制建筑物里。而在它旁边的 520 号，铝合金隧道穿过一面旧墙直通一个白色的扭曲起伏的茧状空间，这是早在大概 20 年前就已经入驻这里的先锋派设计师的店 Comme des Garçons⓱。在到达这一片精品购物区之前，会先路过**马修·马克斯画廊**（Matthew Marks）⓲（523 号），这里会展出从极简主义作品以及一些不朽的杰作，如埃尔斯沃斯·凯利（Ellsworth Kelly）和安德烈亚斯·古尔斯基（Andreas Gursky）的作品。结束这场小型文化马拉松后，为了喘口气换一下脑子，我们可以去闪闪发光的**帝国餐吧**（Empire Diner）⓳（210 10th Ave）畅快地休息一下，店内全是镀铬装饰艺术风格，或者去"**半王**"（The Half King）⓴（505 W 23rd St），享受这家小酒馆的美食和怡人的花园。之后，我们要去参观 24 街上值得一看的三个地方：首先是经常展出不朽佳品的 519 号**大都市图片画廊**（Metro Pictures）㉑ 和位于 541 号的**玛莉·布恩画廊**（Mary Boone）㉒，如今它们的名字与辛迪·舍曼（Cindy Sherman）、朱利安·施纳贝尔（Julian Schnabel）以及大卫·萨利（David Salle）联系在一起。最后一个也很重要的画廊：位于 555 号的**高古轩画廊**（Gagosian）㉓，它是最早入驻切尔西的画廊之一，至今仍具有相当的影响力，在这里我们可以欣赏到理查德·塞拉（Richard Serra）和理查德·普林斯（Richard Prince）的作品，以及其他现当代艺术作品。

向最后的仓库前进！

位于 27 街上高大的**施特莱特－雷哈伊大厦**（Starrett-Lehigh Building）㉔ 的阴影，为切尔西画出了新的边界。旧**中央商店仓库码头**（Central Stores Terminal Warehouse）㉕ 集合了 25 座建于 20 世纪之交的仓库，曾经有一段时间，纽约八九十年代最著名的夜店"隧道"（The Tunnel）就安身在这里。这个街区还遗留着挂满"之"字形消防梯的墙面、有点破旧的一层商业区，以及少数拥有挑高很高的天花板的地下室画廊：**德雷克·埃勒画廊**（Derek Eller）、**奥利弗·卡姆/5BE 画廊**（Oliver Kamm/5BE）、**狐狸工坊**（Foxy Productions）……工作室、商品展览室和商店五彩斑斓地点缀在这条石板街道北侧的人行道上。

56

长发的住客们

1978年10月，朋克歌手席德·维瑟斯（Sid Vicious）在这里杀了他的女友；连喝18杯纯威士忌后，狄兰·托马斯在这里陷入了昏迷；作家亚瑟·克拉克（Arthur C. Clarke）2001年在这里创作了《2001：太空漫游》（*2001: A Space Odyssey*）的剧本，威廉·巴勒斯（William S. Burroughs）在这里写出了《裸体午餐》（*Naked Lunch*），安迪·沃霍尔和德国女歌手妮可（Nico）在这里拍摄了《切尔西女郎》（*Chelsea Girl*），琼尼·米切尔（Joni Mitchell）、莱昂纳德·科恩（Leonard Cohen）和约翰·邦·乔维（Bon Jovi）都为它写过歌：《切尔西早晨》（*Chelsea Morning*）、《切尔西旅馆2号》（*Chelsea Hotel #2*）以及《切尔西的午夜》（*Midnight in Chelsea*）；切尔西旅馆传奇的住客名单见证了那个混乱的年代——并不是一直都快乐无忧——的艺术、毒品和反正统文化：歌手詹妮斯·乔普林（Janis Joplin）、传奇歌手鲍勃·迪伦（Bob Dylan）、新浪潮导演米洛斯·福尔曼（Milos Forman）、好莱坞著名影星筒·方达（Jane Fonda）、摇滚电吉他手吉米·亨德里克斯（Jimi Hendrix）、作家弗拉基米尔·纳博科夫（Vladimir Nabokov）、性感影星玛丽莲·梦露、剧作家阿瑟·米勒（Arthur Miller）、抽象主义绘画大师杰克逊·波洛克（Jackson Pollock）、创作歌手吉姆·莫里森（Jim Morrison）、朋克女歌手派蒂·史密斯（Patti Smith），还有摄影师马丁·巴哈（Martine Barrat）和亨利·卡蒂埃-布列松（Henri Cartier-Bresson）……酒店表面是由红砖砌成的，充满新哥特式风格，再配上阳台和烟囱，吸引着放荡不羁的文人豪家。整整半个世纪，懒散颓废的气氛遍布在房间和走廊中。酒店高10层，建于1884年，大堂里装点着十几个纪念牌匾。它一度是纽约最高的楼。唉！这栋传奇的楼房如今已全面禁烟，在关张大吉的边缘挣扎。而事实上，酒店的传奇房东，也是那个"用艺术品当房租"的繁华时代的见证人斯坦利·巴尔德（Stanley Bard），刚刚被驱逐出了酒店的董事会。

再远一些，**保罗·卡斯敏画廊**（Paul Kasmin）㉕（511 W 27th St and 293 10th Ave）以其展出的精美作品而闻名：素描、油画和照片，其中包括安迪·沃霍尔的宝丽来系列。接下来，我们还会路过一家豪华汽车经销商和一间衣服首饰概念店，店里的东西都价格不菲。切尔西难道没有经历经济危机吗？

从26街再回到第八大道上。沿途，在高楼大厦间出现了一座有点格格不入的荷兰风格小教堂：由砖头搭砌而成，顶上金光闪闪的十字架提醒着异教徒们"耶稣是世界之光"。在对面的人行道上，**正直公民旅团剧场**（Upright Citizen's Brigade Theater）㉗（307 W 26th St）里能欣赏到纽约最好的即兴表演。到了第八大道向右拐，一直走到23街地铁站，离地铁口几步之遥就是传奇的**切尔西旅馆**（Chelsea Hotel）㉘（222 W 23rd St）。痴迷于哥特式风格的人可以穿过马路去一睹拥有骷髅型门把手的**戴维·巴顿健身房**（David Barton Gym）㉙（215号）的真身，它由一家旧的青年旅馆YMCA改造而成。

施特莱特-雷哈伊大厦

建于1932年的施特莱特-雷哈伊大厦自己就占据了一个街区。这幢由砖头砌起的高大宏伟的圆角大楼共有19层，拥有巨大的平台、上千平米的门窗，以及三台可以吊起一整辆大卡车的起重电梯。如今，经过整修，这里迎来了玛莎·斯图尔特（Martha Stewart）和雨果·博斯（Hugo Boss）的办公室……还有许多私人派对也在这里承办。

■ 艺术纽约

涂鸦艺术,位于长岛市的"五点"

花旗集团大厦

科特广场一号大楼由金融大亨出资修建,然而它"花旗集团大厦"这个昵称更为人所熟知。它楼高50层,如今是皇后区唯一的摩天大楼,也是纽约市曼哈顿以外地区里最高的建筑。

皇后区的文化漫步

到了这里,我们可以选择暂停这场文化之旅。至于那些仍然充满热情的人,可以沿着东河的另一边继续前进。只需搭乘去往皇后区的地铁E线,到达位于**长岛市**的另一条23街(23rd St)。列车在十分混乱的郊区中心浮出地面:这里满是仓库、停车场、桥梁和立交桥。而所有的一切都笼罩在科特广场一号(One Court Square)——也称**花旗集团大厦**(Citicorp Building)——这座高201米的蓝色大楼的阴影下。

从圣艾莉大道23号(23rd St-Ely Ave)地铁站出来,沿着44路向东走,直到杰克逊大道(Jackson Ave)左转,走十几米后右转进入巴米士街(Purvis St)。从2002年起,**雕塑中心**(Sculpture Center)❸ 即驻扎在这条街的4419号。这个巨大的"仓库"收容了许多当代装置作品——有时也包括极简主义,作品会定期轮换。

到杰克逊大道上，直行走到地铁的高架铁桥。此时左转，向着一个嘻哈气氛浓厚、另类的地方走去。鉴于纽约市有5个行政区，这里被命名为"**五点**"（5 Points）㉛。如今，里面的工厂全部都被改造成了艺术家的工作室。十几位才华横溢的涂鸦艺术家在这里进行创作。结果是，出现了一系列交杂重叠的壁画和五彩缤纷的纯街头艺术：立体逼真的壁画、怪兽、美人鱼和其他魔幻人物，以及利用幽默和二维的手法对街景进行的重现。通过楼梯抵达主楼屋顶，在这里，可以欣赏到壮丽的景色。注意，尽管表面如此，但这片艺术荒地并不是一个管理混乱无章的地方。在这里进行喷漆涂鸦前，要事先联系一位叫作米尔斯（Meres）的先生，他从2002年开始管理这片小天地。

长岛市：当代艺术的顶峰

离这里两步远，在大道的另一边，47街的角落里，**PS1 当代艺术中心** ㉜（22-25 Jackson Ave）就矗立在高墙后。它由一所旧小学改建而成，1971年开业。作为MoMA的下属机构，这个杰出的展览地点曾是皇后区文化复兴的灯塔。

该中心由一个非营利机构运营，从1928年起就致力推广极具实验精神与创新意义的雕塑。不要错过它弯曲、幽暗的地下室：这里储存着一些非凡的佳品。建筑物外部同样也充满艺术气息，例如它仿佛一条荧光地毯的石子路。

长岛市的涂鸦艺术天地

短暂的参观结束后，左转重新回

59

■ 艺术纽约

两座博物馆
庞大的铁路线把长岛市一分为二，也隔开了两个独特的文化空间：可能马上入驻曼哈顿的非洲艺术馆（Museum for African Art, 36-01 43rd Ave）和以当代艺术为主的费舍尔·兰道艺术中心（Fisher Landau, 38-27 30th St）。哈尼维尔街（Honeywell Street）将这两座博物馆连接了起来。

时髦的年轻女人走在肉库区的旧石板路上

60

这里充满了浓厚的学校气息：白砖与青瓷绘画、吱吱作响的地板、楼梯以及特别的吊饰。一间教室一间教室地转，你的感官会被奥拉维尔·埃利亚松（Olafur Eliasson）的椭圆镜子、安娜·霍瓦特（Ana Horvat）给玩偶和模特假人进行整容手术的"血腥"体验所侵占，还可以屏息潜入莱安德罗·埃利希（Leandro Erlich）的泳池深处，感受一下呼吸暂停。还有少许芬兰艺术作品，和一个以女权主义为主题的群展……这里的展览从来不会让人失望。每年夏天的周六，绝对不可以错过这里的 WarmUp 现场音乐会，PS1 会邀请优秀的 DJ 和表演者在大街前的广场上演出。而博物馆的顶层则被詹姆斯·特瑞尔（James Turrell）的大型装置作品精致地点亮，仿佛去往天堂的最后一站。

重回人间。从 21 街一直向北走到第四十五大道，它的右边就是**"猎人角"历史区**（Hunters Point Historic District）：在粗俗的环境中，突兀地矗立着一排褐石屋，它们也许见证了这里昔日的繁荣。左边：曼哈顿的城市天际线美不胜收。**多尔基斯画廊**（Dorsky）❸（1103 45th Ave）就位于这两点之间。想进入这个大小适中、设有橱窗向独立策展人和其他当代艺术家致敬的画廊，要先按门铃。这里展出的作品没有规律可循，但却总是大胆前卫，例如瓦莱丽·贝兰（Valérie Belin）和菲利浦·拉美特（Philippe Ramette）变了形的空镜子。

猎人角（Hunters Point）❸ 位于东河岸边，使地产商和曼哈顿居民趋之若鹜。河边的工地逐渐增多，"中产化"现象从弗农大道（Vernon Boulevard）这条深深烙有资产阶级标记的脊柱开始蔓延：古董店、酒窖，还有像 47 号酒吧（Lounge 47）（4710 号）和向日葵（Tournesol）（5012 号）这种风格的餐厅。结束最后一段文化漫步，我们会乘坐 Q103 路公交车回到这里吃饭。方向：**野口勇博物馆**（Noguchi Museum）❸（901 33rd Rd），1985 年由其主人日裔美籍雕塑家亲自创立。这里的花园和混凝土建成的展厅里收藏着他的石雕、泥塑、木雕和金属作品。稍微偏北，一些奇特的艺术品宛如从天上坠落到**苏格拉底雕塑公园**（Socrates Scupture Park）❸（3201 Vernon Blvd）的草坪上，荒废的地块被改造成了露天工作室。夜幕降临时，这两座花园被如梦如幻的气氛笼罩着。

水上的士

五月到十月的周末，每小时（11 点 — 19 点）都有一班水上的士，从猎人角开往以画廊闻名的威廉斯堡和登波区。平日里，以及周五晚上九点到次日凌晨一点半，会有轮渡每天五次在东河上穿梭，往返于这里和曼哈顿之间。停靠站设在第五十四大道的尽头，靠近"沙滩"。

■ 艺术纽约

夜纽约

　　曼哈顿纷纷攘攘，曼哈顿很早入睡。最近几年，这段副歌一直在循环播放，为了重新找回这座不夜城的些许风貌，许多夜猫子都拥向布鲁克林。但是，这颗大苹果的心脏仍然在跳动。即使街上不复人山人海，我们仍然可以大半夜毫无顾虑地在这里散步。要证据？我们可以在西切尔西的画廊里来一场附庸风雅的热身，这里的展览开幕式通常安排在周四、周五晚上的 6 点钟。与此同时，为了入乡随俗，我们可以在酒店酒吧里小酌一杯，甚至可以去豪华大酒店，因为只要穿着得体，这些场所的大门对所有人敞开。

推荐三个拥有精美木雕装饰和真皮座椅的优雅聚会场所：**卡莱尔酒店**的**白蒙酒吧**、**阿尔冈昆酒店**（Algonquin）的**蓝吧**（Blue Bar, 44 W 44th St），以及**美仑大酒店**（Royalton, 44 W 44th St）的**"44"酒吧**（Bar 44）。想看演出的话，时代广场和百老汇的霓虹灯招牌总是不间断地滚动显示着"热门"和"非热门"的戏剧，表演通常在晚上8点拉开序幕。为了买到当晚的半价票，要先到位于时代广场或者南街海港（South Street Seaport）的 TKTS 折扣票亭排队买票。但是如果您更喜欢在另一个地方挥洒汗水，不如在晚上十一点左右选择一家健身房，与此同时，有一些人正在洛克菲勒中心的传奇溜冰场上打转。

晚餐后，若想畅饮几杯，可以溜到东区几个神秘的地方：**PDT 酒吧**——意为"别说"（Please Don't Tell）——的入口在位于圣马可坊街（St Mark's Place）的一家快餐店里；还有**牛奶与蜂蜜酒吧**（Milk and Honey, 134 Eldridge St），"谢绝名人光临"，这里调配的鸡尾酒堪称艺术。通过短信即可预约。夜猫子们，轮到你们大展身手了！在这之后，有两个选择：要么去纽约有名的夜店里看与被看，并且优雅地摆动身体——**"天空"**（Cielo, 18 Little W 12th St）、**庇护所俱乐部**（Club Shelter, 150 Varick St）以及**标记**（Marquee, 289 10th Ave）——或者选择在月光下如幽灵般地在街上闲逛。后面的这种情况，可以往唐人街方向走，但要先到**"药房"酒吧**（Apotheke, 9 Doyers St）里点几杯激烈的鸡尾酒"药水"让自己亢奋起来，之后跌跌撞撞地走在冷清的小巷里，直到足底天堂按摩店（Foot Heaven, 16 Pell St）。在这座一直步行的城市里，来个夜间足底按摩简直是享受。接下来向着纽约市政厅公园（City Hall Park）前进，公园南边入口的小门通向一座被路灯照亮的喷泉，从这里走过，仿佛时光倒流。穿过比白天更像哥谭市的金融区（Financial District），将会到达**白厅渡轮码头**（Whitehall Terminal），去往史丹顿岛（Staten Island）的轮渡每小时从这里出发。免费的往返轮渡上还可以欣赏到灯火辉煌的纽约天际线。之后，我们将精疲力尽却心满意足地踏上归途，甚至还有时间到善解人意的通宵餐馆填饱肚子：土耳其餐厅**贝莱科特**（Bereket, 187 E Houston St）、韩国餐厅**"徐康"**（Kang Suh, 百老汇大道和西32街交叉口）、乌克兰餐厅**维萨卡**（Veselka, 144 2nd Ave）、**"法式烘焙"小酒馆**（French Roast, 78 W 11th St）以及美式餐厅**帝国餐吧**（Empire Diner, 210 10th Ave）。我们将乘坐地铁回到酒店，因为这里的末班车是通宵运行的。

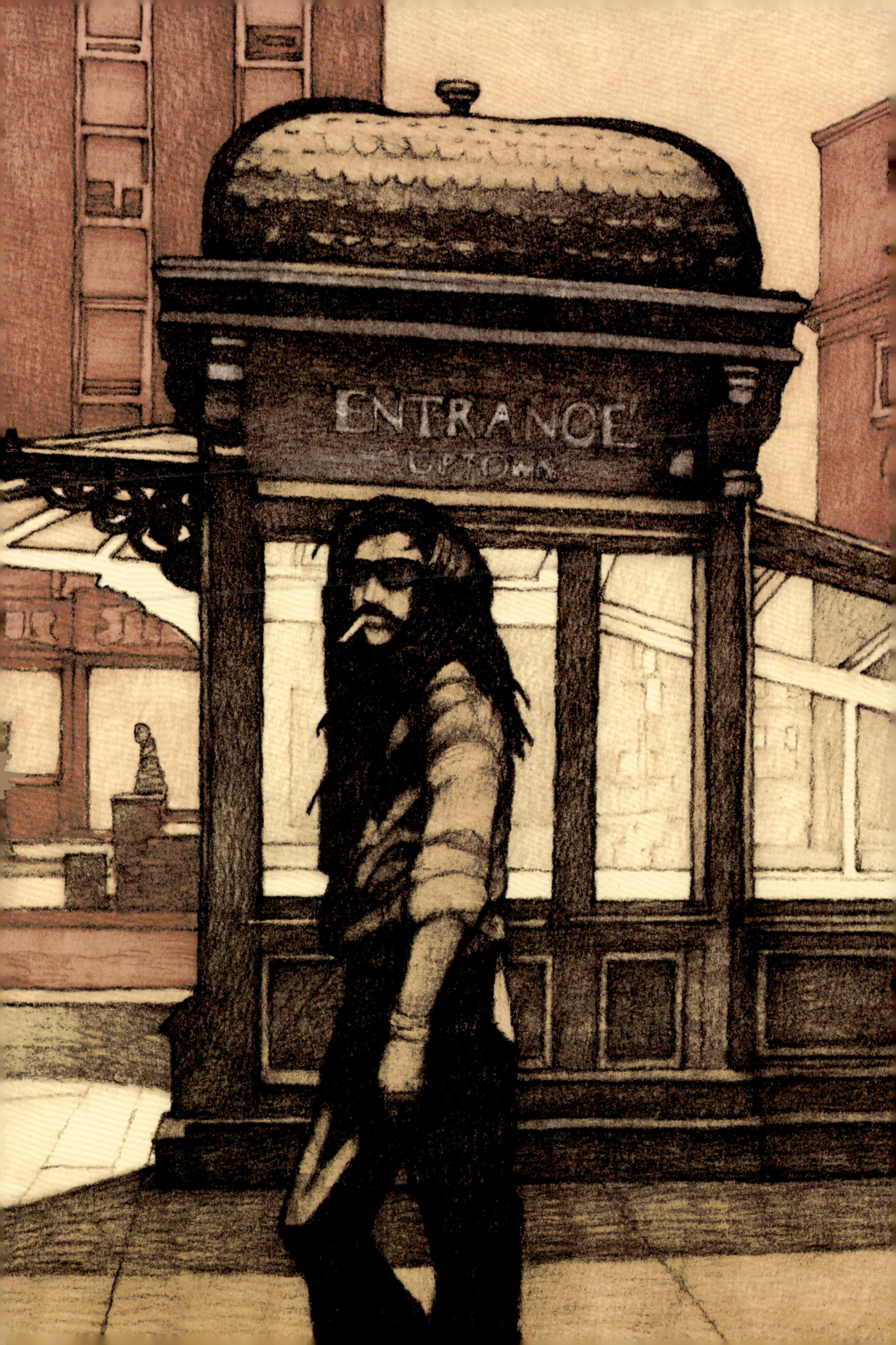
ENTRANCE
UPTOWN

纽约精神

东区中心的复古精神

路线

Map Legend

East Village / Lower East Side

EAST VILLAGE
- 56 St Marks Bookshop
- 57 St Marks Hotel
- 58 Search & Destroy
- 46 Veselka
- 44 East Village Book & Records
- 45 Fun City Tatoo
- 43 Tompkins Square Park
- 49 McSorley's Old Ale House
- 48 Burp Castle
- 47 Love Saves the Day
- 50 Fillmore East
- 51 KGB
- 38 Jane's Exchange
- 41 Brisas del Caribe
- 39 Miracle Garden
- 37 Mama's Food Shop
- 40 Kenkeleba
- 42 Nuyorican Poets Café
- 52 New York Marble Cemetery
- 53 New York City Marble Cemetery
- 54 Joey Ramone Place
- 55 Morrison Hotel (ex CBGB)

NOHO · **ALPHABET CITY** · **NOLITA** · **LITTLE ITALY** · **LOWER EAST SIDE** · **BARGAIN DISTRICT**

- 36 Little Laptop Shop
- 35 WD-50
- 33 Cibao
- 34 Alias
- 32 Schiller's Liquor Bar
- 2 Moscot
- 1 Tenement Museum

3. Demask
4. Invisible NYC
5. Guitar Man
6. BreakBeat Science
7. Sixth Ward
8. Café Charbon
9. Russ & Daughters
10. Sugar Café
11. Katz's Deli
12. Mercury Lounge
13. Nice Guy Eddie's
14. Le Père Pinard
15. Earth Matters
16. Marmelade Vintage
17. Foley + Corinna
18. Mary Adams the Dress
19. Cake Shop
20. Paladar
21. Dark Room
22. Las Venus
23. Dardevil
24. Participant Gallery
25. Onetwentyeight
26. ABC No Rio
27. The Three Monkey's (ex Paul's Boutique)
28. Teany
29. THOR
30. Babeland
31. Economy Candy

起点 (Start) — Grand St
终点 (End) — St Marks Place

0 — 200 m

出发：格兰街地铁站（Grand St）
到达：斯特坊市场（Astor Place）
实用贴士：对于晚睡晚起的夜猫子们来说，这是一条理想线路，因为在上午10点之前，这个时髦街区几乎不会醒过来，不到三更半夜也绝不会关门睡觉。

纽约精神

东区中心的复古精神

长时间以来，下东区都保持着它色彩浓烈的意第绪风貌和气氛。可以说，在20世纪初期，有超过五十万来自中欧和东欧的犹太人拥进了纽约，他们挤在肮脏的公寓楼和廉价的出租房里，同时还带来了自己的文化与美食。二战结束后，这个破旧的街区吸引了混乱的拉美裔家庭、穷困潦倒的艺术家和波希米亚人。在租金暴涨前，2000年左右是它的黄金时代。如今这里还剩下什么呢？几个小犹太人社区和几栋拉美居民楼被"波波"（bobo），甚至可说"名利场的"环境包围。一大片酒吧、旧货店和家居设计专卖店，以及那条超级时髦的里文顿街；一群不修边幅的家伙和像电子音乐家莫比（Moby）一样的独立制作人都是这里的常客。总之，这里有很多好玩且价格适中的地方。休斯顿街北边的东村也变化很大。这个激进的街区曾自豪于它的反文化，雷蒙斯乐队（Ramones）的降临见证了朋克摇滚乐的诞生，这里还保留着20世纪六七十年代那个解放时代的痕迹，例如英国摇滚乐队齐柏林飞船（Led Zeppelin）、摄影师南·戈丁（Nan Goldin）、地下丝绒乐队（Velvet Underground）前主唱娄·里德（Lou Reed）、歌手诗人派蒂·史密斯、街头绘画艺术家基思·哈林（Keith Haring）。尽管它叛逆的风气有些减弱，我们仍可以在纹身师、旧唱片店和社区花园间感受到一种魅力十足的另类气氛。我们只需要离圣马可广场（St Marks Place）远一点，以汤普金斯广场公园（Tompkins Square Park）为中心四处转转，这里因其自由主义历史而闻名的。

1. 移民公寓博物馆
2. 玛士高
3. "暴露"
4. "看不见的纽约"
5. 里文顿街上的吉他店
6. "碎拍艺术"
7. "第六病房"
8. 黑炭咖啡屋
9. 罗斯多特斯餐厅
10. 糖块咖啡
11. 卡茨熟食店
12. 水星俱乐部
13. "好人艾迪"酒吧
14. "红酒老爹"
15. "地球很重要"食品杂货店
16. 果酱古着店
17. "弗蕾+科里娜"
18. "玛丽·亚当斯服饰"
19. 蛋糕店
20. "帕拉达"
21. "暗室"
22. "维纳斯"
23. "超胆侠"纹身店
24. 参与者画廊
25. 128画廊
26. ABC No Rio美术馆
27. 保罗的店
28. 小茶屋
29. 索尔酒店
30. Babeland
31. 经济糖果店
32. 席勒酒吧
33. 锡瓦奥餐厅
34. "别名"
35. WD-50分子料理店
36. 笔记本电脑小店
37. "妈妈的食品店"
38. "简的兑换店"
39. 奇迹花园
40. 肯克拉巴
41. 加勒比微风
42. 新波多黎各诗人咖啡馆
43. 汤普金斯广场公园
44. 东村书籍与唱片
45. "欢乐城市"纹身店
46. "维萨卡"
47. "爱拯救生活"
48. "打嗝城堡"
49. 麦克索利酒吧
50. 菲尔莫东俱乐部
51. "克格勃"
52. 纽约大理石公墓
53. 纽约市大理石公墓
54. 乔伊·雷蒙广场
55. CBGB酒吧
56. 圣马可书店
57. 圣马可酒店
58. "搜索与摧毁"

67

■ 纽约精神

玛士高眼镜店

1899年，海曼·玛士高（Hyman Moscot）靠卖眼镜维生。六年之后，他在下东区开了第一家眼镜店。今天，他的曾孙管理着这个世界驰名的眼镜品牌，许多名人们在这家店（118 Orchard St）里咨询出色的精选产品时都感到十分满意。

潜行下东区

在下东区众多入口中，我们将选择格兰街站（B线和D线）。在唐人街边上，萨拉·罗斯福公园（Sara Roosevelt Park）东边，一些卖异国风情的水果蔬菜和海鲜的小摊子满布街头。之后，气氛就变了。我们进入这个20世纪初期世界人口密度最大的街区；五十万来自中东欧的移民，其中大部分是犹太人，挤在不卫生的环境里。在这个危险的街区，婴儿的死亡率曾达到了百分之四十，作为新闻摄影记者的先锋，雅各布·里斯（Jacob Riis）在他1890年出版的书《另一半人如何生活》（How the Other Half Lives）中，就描述了贫民窟的窘况。

果园街（Orchard Street）：犹太文化和商店冲击

在格兰街和果园街交叉口，左转深入**折扣区**（Bargain District），这个商业街区相当于巴黎的纺织工业区（Sentier）。东欧犹太商人曾经为了方便叫卖，把货车停在这里，如今它变成了一系列售卖棉质和皮质衣服的商店，还有大牌设计师的服装店。这些店铺并不都只是做生意的，其中也有一些象征着街区改造的地方，例如讲述着移民悲惨故事的**移民公寓博物馆**（Tenement Museum）❶（90号）。你会看到混乱狭小的公寓，这里就是一大群刚到纽约的新移民的窝棚，他们睡得少，干得多，被人像牲口一样使唤。再向北走，果园街与地兰西街（Delancey Street）交会，之后街上会出现一堆酒吧、开在好地段的艺术工作室和特别的商店：118号，许多明星光顾的眼镜店**玛士高**（Moscot）❷；还有144号的"**暴露**"（Demask）❸，这里的橡胶、皮质和乳胶制品让不羁的恋物癖和色情狂们兴奋不已。纽约最好的纹身师之一，汤里·德宁（Tory Denning），就在旁边经营着他的"**看不见的纽约**"（Invisible NYC）❹（预约电话：212 228 1358）这个半工作室半艺廊的神秘店铺。

里文顿街上的吉他店

2005年由一位曼尼乐器行（Manny's Music）的老员工在148号开设的**"吉他人"**（Guitar Man）❺——或多或少借鉴了老东家的名字，上层名流们对这里的乐器和音响趋之若鹜……有新的、二手的、复古的。说到音乐，一定都要去逛逛电音Jungle和低音贝斯鼓的顶尖品牌**"碎拍艺术"**（BreakBeat Science）❻（181号），在这里将会找到黑胶唱片、CD、收纳包和"BBS"T恤。想要和几个好伙伴喝点东西解解渴的话，赶紧去**"第六病房"**（Sixth Ward）❼（191号），这家爱尔兰风情的露天啤酒店隐藏在地下的怡人庭院中。至于烟草杂货店**黑炭咖啡馆**（Café Charbon）❽（170号），尽管只是一家音乐小酒馆，但它却给这个街区增添了一份非常"天使爱美丽"（Amélie Poulain）的巴黎色彩。

休斯顿街：转到下东区的边缘地带

在斯坦顿街（Stanton Street）北边，**休斯顿街**上有两三个很"营养滋补"的地方。

■ 纽约精神

卡茨熟食店

就是在卡茨熟食店的大厅里，梅格·瑞恩在罗伯·莱纳1989年执导的电影《当哈利遇到莎莉》中上演了令人记忆犹新的假高潮。

左边，百年老店**罗斯多特斯餐厅**（*Russ & Daughters*）❾（179号），从1914年开始就售卖鱼子酱和熏鱼，或者还有另一类店，亚伦街（Allen Street）的角落里拥有超长店面的**糖块咖啡**（*Sugar Café*）❿（200号），推荐品尝这里纯正的浓缩咖啡搭配法式糕点。我们将在205号**卡茨熟食店**⓫老旧的大餐厅里用小茴香脆酸黄瓜和熏牛肉三明治饱餐一顿，这可是在整个街区都说意第绪语的时候留下的宝贵遗产。旁边，**水星俱乐部**（*Mercury Lounge*）⓬（217号）用它出色的音乐节目和众多演唱会的节奏唤醒了休斯顿街的夜晚，然而就在对面，**"好人艾迪"酒吧**（*Nice Guy Eddie's*）⓭给这里的白天涂上了一抹青蓝色。

律路街（Ludlow Street）：重回下东区的中心

在下东区的边缘休斯顿街转一圈之后，我们通过**律路街**重新回到下东区的中心。

跳蚤市场

淘宝去处小清单：

古董车库（The Garage）：112 W 25th St，出售一些还算稀有、价格也很贵的古董字画，一共两层，在一个真正被废弃的停车场里。开放时间是周末上午7点到下午5点。

地狱厨房跳蚤市场（Hell's Kitchen Flea Market）：位于第九大道和第十大道中间的39街上。它取代了切尔西之前的阿耐克斯古董跳蚤市场（The Annex Antique）。首饰、20世纪50年代的家具、装饰品以及复古衣服……开放时间是周末上午9点到下午6点。

格林跳蚤市场（Greenflea）：位于67街和77街之间的哥伦布大道（Columbus Ave）上。从手工艺品到书籍、旧货，应有尽有……还有小商贩售卖的新鲜产品，给市场增加了一抹绿意。

布鲁克林跳蚤市场（Brooklyn Flea）：拉法耶特大道（Lafayette Ave）176号（格林堡[Fort Greene]广场上）。这里有许多精美的物品和杂七杂八的复古设计可供选择，还有看着非常美味的小吃摊提供新鲜水果汁、甜点、三明治……市场每周末上午10点到下午5点开放，冬天则转移到登波区的前街（Front St）76号。

威廉斯堡跳蚤市场（Williamsburg Flea Market）：位于2街和3街之间的威斯大道（Wythe Avenue）。设立于2009年，这里离艺术跳蚤市场（Artists & Flea Market, 129 N 6th St）只有几个街区远，后者开放于2003年，主要出售一些艺术气息浓厚的东西。

路过**"红酒老爹"**（Le Père Pinard）❹（175号）的时候顺便向法兰西致敬一下，这家餐厅对法国十分友好，并且价格还很适中。之后就是果园街上一连串的酒吧和商店，或多或少都十分另类时髦。我们将在**"地球很重要"食品杂货店**（Earth Matters）❺（177号）里以自助餐的形式品味有机食品，在一二楼夹层可以现场品尝能量十足且对身体很有益处的蔬菜汁、素食早餐……同时获得尊重自然的愉悦。至于穿衣打扮方面，**果酱古着店**（Marmelade Vintage）❻（172号）致力于把20世纪80年代风格的衣服发扬光大，而独立品牌**"弗蕾+科里娜"**（Foley+Corinna）❼（143号）和**"玛丽·亚当斯服饰"**（Mary Adams the Dress）❽（138号）则用它们五彩缤纷的服装推翻了传统的浪漫主义。为了不单单傻坐着喝饮料，我们到**蛋糕店**（Cake Shop）❾（152号）去，这家店里还提供黑胶唱片、旧书和清凉的饮料。然而**"帕拉达"**（Paladar）❿（161号）则以其出色的玛格丽特和莫吉托鸡尾酒闻名。不要被165号的**"暗室"**（Dark Room）⓫这个名字吓到，相反，它其实就是个一点儿也不可怕的地下酒吧。

■ 纽约精神

在这一区众多经典店铺中，特别值得一提的是拥有20世纪五六十年代斯堪的纳维亚风格的古董家具店"维纳斯"（Las Venus）㉒（163号）和"超胆侠"纹身店（Dardevil）㉓（174号），老板米歇尔·迈尔斯（Michelle Myles）曾经给从乌比·戈德堡到文森特·加洛（Vincent Gallo）在内的许多名人纹过身。

里文顿街的艺术插曲

来到里文顿街，自从大批艺术家和画廊入驻后，这里就被大肆炒作，吸引了许多客人。众多画廊中，我们将去看一眼乐于展出年轻艺术家作品的**参与者画廊**（Participant Gallery）㉔（104号）；兼容并包的**128画廊**（Onetwentyeight）㉕（128号），它每个月会大胆地更新展览作品，并且都大获成功；以及有着涂鸦门面的**ABC No Rio 美术馆**㉖（156号），它1980年开业，作为反文化的先锋，这里是留存至今的最后几个反文化基地之一，这里聚集了反对文化商品化的热情艺术家和活动家。

随着这个艺术小插曲走下去，我们到了**保罗的店**（Paul's Boutique）㉗（里文顿街和律路街交叉口），与1989年说唱团体"野兽男孩"（Beastie Boys）在这里拍摄的专辑封面相比，这家服装店稍微有些变化。

特别要向独立音乐人莫比（Moby）致敬，他是**小茶屋**（Teany）㉘（Tea New York，90号）的合伙人，也是里文顿街上**索尔酒店**㉙（107号）的常

ELS–LES
现代艺术迷们会用红色水笔标出每月的最后一个星期天，每到ELS-LES（英文"Every Last Sunday on the Lower East Side"的缩写，即"下东区每个月的最后一个星期天"）的时候，可以去参观二十多个艺廊和工作室。

同样位于里文顿街的席勒酒吧内部

客。

　　小茶屋提供上百种茶以及各种美味的素食三明治，有咸有甜，还有拿铁和豆浆。而索尔酒店则位于街区19层的上空，从最高的房间可以一览无余曼哈顿令人难忘的壮丽景色。房间比较小，但都有落地窗。酒店的公共空间的设计，特别是大堂，都展现出雅致而富有创意的精神。员工们都身着法国品牌"Agnès B"，宛如国际刑警一般。在小茶屋旁边则是当地成人用品旗舰品牌 Babeland㉚（94号），它提供送货上门服务。在**经济糖果店**（Economy Candy）㉛（108号）则可以获得另一种乐趣，从1937年开始，这家有趣的店里就满满都是各种糖果、棒棒糖、糖衣杏仁和软糖，但也有巧克力和精致的甜品。

重回东村的美食之旅

　　在里文顿街稍远处，我们可以到漂亮的**席勒酒吧**㉜（131号），要上一

亚瑟斯街市场
（Essex Street Market）

这座室内市场位于亚瑟斯街120号，从六十多年前就开始为这一街区提供食品，尤其里面有两家肉店、两家鱼店、两家奶酪店、几家精致的杂货店和许多拉丁食品店，有时还能找到有机食品。

■ 纽约精神

杯比利时啤酒配薯条，享受片刻瓦隆风味的时光。

但是不要吃得太饱，因为往北经过几个满是廉价公寓、拉丁色彩浓厚的街区，就有这个区最好的餐厅。之后向左转到克林顿街，向着东村重新往北走。到了午餐时间，我们将会在这条街上最好的餐厅之一品尝令人惊艳的美食：拉丁风情的**锡瓦奥餐厅**（Cibao）❸（72号）、轻体有机的**"别名"**（Alias）❹（76号），或者是更具创意的 WD-50 **分子料理店**❺（50号），它的创始人怀利·迪弗雷纳（Wylie Dufresne）曾在名厨让－乔治·冯格里奇顿（Jean-Georges Vongerichten）门下学艺。吃饱喝足后，先去和**笔记本电脑小店**（Little Laptop Shop）❻（9号）打声招呼，这里是温和古怪的电脑专家们的聚集处。然后穿过休斯顿东街，由 B 大道进入东村。

东区和字母城：另类的飞地

尽管过去的十五年，这个街区开始逐渐资产阶级化，但三十多年前使这条街活跃起来的另类气氛犹存。在 B 大道和第 3 街的交叉口左边，印有骷髅头的旗帜高高挂在一家涂鸦门面的商店上。这就是加勒比特色小吃店**"妈妈的食品店"**（Mama's Food Shop）❼（34 Ave B）。离这里几米远，就是专门寄卖儿童服装的**"简的兑换店"**（Jane's Exchange）❽（191 E 3rd St）。

字母城
（Alphabet City）
字母城北至东 14 街南到休斯顿东街，因其穿过 A、B、C、D 四条大道而得名。150 年前，这里住满德国移民，曾是美国第一个非英语飞地……也被称为 Klein Deutschland，意思是"小德国"。

绿色环保斗士

20世纪70年代，临近字母城的东村居民们占领了一些零星的地块，把它们改建成了位于两座楼房之间或者街区中心的精美绿化带。但是最终房地产开发商和利欲熏心的市政府勾结，2000年2月，推土机在这片土地上动工。一些激动的居民在希望花园（Hope Garden）附近进行抗议游行，尽管有人被捕，但最终政府还是下令禁止拆毁这片城市绿洲。如今这里绿树成荫，鸟语花香，有雕塑和沙坑，人们可以在社区花园里野餐、打牌或者进行其他活动：太极、瑜伽……周末总是对公众开放。这是和城市园丁闲聊的好机会，他们对当地的政治生活了如指掌。

沿着第 3 街走，一些小广场如杂草般出现在砖房之间：**奇迹花园**（Miracle Garden）❸（196 号）、有着奇特兽形雕塑的**肯克拉巴**（Kenkeleba）❹（210 号）、值得一看的宝库"舍瓦尔邮差"（Facteur Cheval）（221 号），或者还有因其小白栅栏而为人熟知的**"加勒比微风"**（Brisas del Caribe）❹（237 号）。差不多就在该区的正对面，一栋刚刚建好的砖房后面，**新波多黎各诗人咖啡馆**（Nuyorican Poets Café）❹（236 号）就位于一幢拥有挑出阳台、摇摇欲坠、窗户都被封死的大楼底层。外墙上苍白如幽灵剪影般的涂鸦使这个赛诗会

摇篮变得生机勃勃。来到这里还可以参加不同形式的高水平演讲表演，比如诗歌比赛、剧本阅读和戏剧表演。

汤普金斯广场公园：抗议中心

前往**汤普金斯广场公园**❹，要再次从 B 大道往回走几步，路上会经过 5 街和 6 街之间其他的社区花园，还有马蹄铁酒吧（Houseshoe Bar），它的缩写名称 7B 更有名（因为酒吧位于第 7 街和 B 大道的交会处）。汤普金斯广场公园曾经是瘾君子、流浪汉和各类边缘人的巢穴，因走私和极端暴力成为字母城阴森惨淡的中心……但也是纽约人发起各种抗议的中心：从 1874 年的反贫困骚乱，到反越战争的游行，还有 1988 年警察暴力驱逐无家可归者引发的骚乱。

如今这个公园变得更加平静，迎接着大人、小孩还有狗狗，夏天会举办一些反文化艺术活动，例如"后垮掉的一代"的"嚎叫音乐节"（Howl Festival）。

洛萨达（Loisaida）

是西班牙语下东区的衍生词，包括下东区和字母城的边缘地带，大部分居民是 20 世纪 60 年代到达这里的波多黎各人。此外，C 大道也被叫作洛萨达大道。

7B、马蹄铁酒吧

阳刚气十足的马蹄铁酒吧被稍显粗俗的音乐淹没，柜台由马蹄铁打造而成，7B 酒吧已经至少两次出现在大荧幕上：《教父 2》和《鳄鱼邓迪》。

75

在这里我们还能感受到"假发嘉年华"（Wigstock）残余的一丝气息，这个已经不再举办的假发节是由一群喜爱男扮女装的变装女皇们发起的。而更平和一点的**查理·帕克爵士音乐节**（Charlie Parker Jazz Festival）则在每年 8 月举行，届时一群萨克斯爱好者们会聚集在"大鸟"查理·帕克去世的那栋房子里（B 大道 151 号）。

圣马可广场的摇滚气氛

我们从西边离开汤普金斯广场公园，直奔圣马可广场(属于 8 街的西段，因旁边鲍威里街上的圣马可教堂而得名）。作为长久以来叛逆街区的大动脉，尽管一批餐饮连锁企业来到这里，圣马可广场还是保留了部分灵魂。**东村书籍与唱片**（East Village Books & Records）㊹（99 号）这个充满宝藏的音乐文学仓库就是最好的证明。对面的人行道上，96—98 号的楼面将会让齐柏林飞艇（Led Zeppelin）的歌迷们想到《肉体涂鸦》（Physical Graffiti）这张专辑，正面是白天的这里，反面则是夜晚。

1981 年，在米克·贾格尔（Mick Jagger）的单曲《等一个朋友》（*Waiting for a Friend*）风骚的宣传短片中，他就是在这里等待朋友凯斯·理查德兹（Keith Richards）的到来。

那个年代的明星们，如乔治男孩（Boy George）和唱出《我爱摇滚》（*I Love Rock N Roll*）的歌手琼·杰特（Joan Jett）身上的刺青都来自隔壁的**“欢乐城市”纹身店**（Fun City Tatoo）㊺（94 号）。如今所有人，不论是不是坏男孩，无论要不要纹身，都可以来这里喝上一杯卡布奇诺。追随着这股摇滚气氛就到了第二大道。右边，在街区的另一端，乌克兰餐厅“维萨卡”㊻——还有旁边的奥德萨——全天 24 小时提供酿甜椒、罗宋汤、红烩牛肉和波兰饺子。听说“朋克之父”雷蒙斯乐队（The Ramones）主唱乔伊·雷蒙（Joey Ramone）时不时就来这里喝碗小粥。

第二大道上的摇滚朝圣

沿着第二大道往南走，媚俗艺术不朽的圣殿**“爱拯救生活”**（Love Saves the Day）㊼（119 号）最终不得不关门的事实让人伤感，这家店里都是特种部队（G.I.Joe）、披头士（Beatles）或者星球大战（Star Wars）的人偶玩具，还有人造皮草外套和华丽的摇滚靴。

为了参观**“打嗝城堡”**（Burp Castle）㊽（41 号），我们快速进入第 7 街，在这家纽约排名前五十的奇特“城堡”啤酒店里，酒保们有时会身着

棕色粗呢衣服，店里播放的全是格列高利圣歌，人们窃窃私语的同时可能从心底里产生敬意。气氛嘛……街上再远一点，便是自称纽约最古老酒吧的**麦克索利酒吧**（McSorley's Old Ale House）㊾（15 号），从它 1854 年就伫立在这里来看，确实没什么争议。因时间和烟熏而泛黄的照片给这个仍然“原汁原味”的传奇场所增添了一份灵魂。

为了向 70 年代致敬，我们重新回到第二大道并向右转。传奇音乐厅**菲尔莫东俱乐部**（Fillmore East）㊿（105 号）曾经见证了三年摇滚热，如今它的位置也令人神伤地被一家银行取代。一些顶级巨星例如大门乐队（The Doors）、感恩而死乐队（Grateful Dead）、奥尔曼兄弟乐队（The Allman Brothers）甚至还有“谁人”乐队（The Who，他们的第一部摇滚音乐剧《托米》［*Tommy*］在就是在这里首演）都曾在这里创作，直到 1971 年音乐厅关门。

往南走两个街区，右手边，第 4 街上是**“克格勃”**（KGB）(51)（85 号）。

小乌克兰

一个真正的小乌克兰包围着第二大道。维萨卡餐厅（144 号）就在乌克兰国立之家剧院（140 号）旁边，而圣乔治乌克兰天主教堂（东 7 街 30 号）的圆顶则与乌克兰人博物馆（东 6 街 222 号）的藏品遥相呼应。

小印度

在第二大道的东边，东 6 街被看作是小印度，这里有许多非常相似的餐厅。其中最好的一家马德拉斯咖啡馆（Madras Café）的位置稍微偏南一点，位于第二大道 79 号。

作为20世纪40年代社会主义运动大本营，如今在这间共计提供二十多种伏特加的酒吧里除了一些用来装饰的海报和标志外，再也没有和马克思有关的东西了。人们在这里滔滔不绝、畅所欲言，但是当碰上阅读会的时候（诗歌、小说等），大伙儿也懂得安静欣赏，像荷姆丝（A. M. Homes）或者里克·穆迪（Rick Moody）这样的大作家也会混入这群内行的观众里。

重新回到第二大道上，41.5号**纽约大理石公墓**（New York Marble Cemetery）㊷的大门每个月（四月到十月）向公众开放一次，这片绿色空间、永恒的安息之所，完全蜷缩在街区内部。左边稍远一些，第2街上，一股浪漫宁静的气氛从**纽约市大理石公墓**（New York City Marble Cemetery）㊸中散发出来。这两座挨着的公墓在一定条件下仍然接受土葬——尽管在曼哈顿被禁止。

然后我们通过第2街重新回到第三大道。在街道交会处，2003年11月，为了向雷蒙斯乐队的歌手、当地名

最适合纽约的唱片

爵士、说唱、流行乐、摇滚、朋克或是嘻哈⋯⋯不论是来纽约之前还是离开纽约之后，抑或是漫步在纽约街头时，为你推荐二十一张值得循环播放的金唱片。

《坐上A号地铁》（*Take the A Train*，比利·斯特雷霍恩［Billy Strayhorn］和艾灵顿公爵［Duke Ellington］，1941）：在"公爵"的陪伴下，到哈莱姆区来场绝妙的地铁之旅。

《Savoy & Dial时期现场录音精华版全集》（*The Complete Savoy & Dial Master Takes*）：八张查理·帕克（1944—1948）的唱片，聆听在高空飞翔的"大鸟"歌唱，还有伴其左右的爵士先驱迈尔斯·戴维斯（Miles Davis）和迪吉·吉莱斯皮（Dizzie Gillespie）。

《鲍勃·迪伦》（鲍勃·迪伦，1962）；《聊聊纽约》（*Talkin' New York*），或者说是这位年轻民谣歌手在东村的流浪记，还有他想要逃离这座城市的愿望。三年之后，在歌曲《绝对第四街》（*Positively 4th Street*）中，他批评了乐评家以及格林威治村的一些居民。

《我梦见纽约》（*J'ai rêvé New York*，依夫·西蒙［Yves Simon］，1974）：没人能抵挡得住这个圣日耳曼花花公子的歌声。

《雷蒙斯》（雷蒙斯乐队，1976）：作为朋克摇滚之父，这是四个人的第一张，可能也是最好的一张专辑。

《纽约，纽约》（*New York New York*，丽莎·明尼里［Liza Minnelli］，1977）：为斯科塞斯的同名电影而谱的曲，两年之后被辛纳屈翻唱。

《一些女孩》（*Some Girls*，滚石乐队［The Rolling Stones］，1978）：主唱贾格尔受到纽约的影响，创作了这张混合原始摇滚和迪斯科（流行单曲《想你》，*Miss You*）的专辑，向这座城市致敬。

《平行线》（*Parallel Lines*，金发女郎乐队［Blondie］，1978）：十二首歌中有六首是为了强大的主唱黛比·哈利（Debbie Harry）而作。

《说唱的喜悦》（*Rapper's Delight*，糖山帮［Sugar Hill Gang］，1979）：第一首说唱单曲，并进入了美国流行音乐榜前40位。在全球范围内大获成功。

《讯息》（*The Message*，闪光大师&愤怒五人组［Grand Master Flash & The Furious Five］，1982）：嘻哈歌曲搭配带有政治观点的歌词，讲述了布朗克斯（Bronx）居民的日常生活。

《无辜者》（*An Innocent Man*，比利·乔尔［Billy Joel］，1983）：专辑中的单曲《上城女孩》（*Uptown Girl*）讲述了一个下城工人爱慕着住在富人区的漂亮女孩的故事。

人——乔伊·雷蒙致敬，这里改名为**乔伊·雷蒙广场**（Place Joey Ramone）(54)。这位朋克之父在2011年因癌症去世。他疯疯癫癫的乐队像金发女郎、音速青年（Sonic Youth）、电视乐队（Television）和派蒂·史密斯一样，经常会点燃旁边的**CBGB酒吧**(55)（315 The Bowery），尽管这家店名字是“乡村、蓝草和布鲁斯”（Country, Bluegrass and Blues）的首字母缩写，但这里却是纽约地下摇滚和朋克的传奇巢穴。

《它让一个百万人口的国家阻止我们》（*It Takes a Nation of Millions to Hold us Back*，全民公敌乐队［Public Enemy］，1988）：嘻哈音乐巨作，由许多乐曲拼凑而成，并且政治色彩浓厚，这首歌后来也被许多艺术家们借鉴引用。

《保罗的筵席》（*Paul's Boutique*，野兽男孩，1989）：一张出色的专辑，却不受大众的喜爱。这个美国最疯狂的组合之一在摇滚和嘻哈、纽约和洛杉矶之间游走。

《黏糊糊》（*Goo*，音速青年，1990）：是这个吵闹的后朋克乐队最接地气的一张专辑，其中的单曲《库尔的事》（Kool Thing）还邀请了全民公敌乐队的查克D（Chuck D）合作演唱。

《纽约》（*New York*，娄·里德，1990）：这张地下丝绒乐队前主唱的个人专辑充斥着黑暗色彩，从小在纽约长大的他为这座城市写过很多歌曲，也讲述这里下层人民的生活。此外，他最后一张精品辑和1996年的专辑同名，都叫作《纽约人》（NYC Man）。

《死后的生活》（*Life After Death*，声名狼藉先生［The Notorious B.I.G.］，1997）：在发行个人的首张专辑《准备好去死》（Ready to Die）后，声名狼藉先生加冕“纽约之王”，这个东海岸嘻哈界的领军人物被杀后两周发行的这张比较安静的专辑获得了空前的成功。

《仅此而已？》（*Is this it？* 鼓击乐团［The Strokes］，2001）：作为地下丝绒乐队和雷蒙斯乐队的后朋克继承人，鼓击乐团在2001年发表了这张封面暗示美国审查制度的低保真度专辑。

《打开明亮的灯光》（*Turn on the Bright Lights*，国际刑警乐队［Interpol］，2002）：这张由阴暗的纽约客制作的专辑，是那一年最好的唱片之一。专辑中《纽约市》（*NYC*）这首歌名预兆了两年后他们出色的专辑《搞怪》（*Antics*）。

《崛起》（*The Rising*，布鲁斯·斯普林斯汀［Bruce Springsteen］，2001）：“老板”和他的东大街乐队（E-Street Band）带着后“9·11”的伤口重新回归，发表了一系列敏感、震撼人心的歌曲。

《血性青春》（*Desperate Youth, Blood Thirsty Babes*，电视电台［TV On The Radio］，2004）：这是迷幻和摇滚的混合，受到灵魂、爵士和“垮掉的一代”的影响。

《拍手叫好》（*Clap Your Hands Say Yeah*，拍手叫好，2005）：这是几个布鲁克林年轻人受传声头像乐队（Taeking Heads）影响的第一张专辑。由他们自己制作，首先在网上发布。

在啤酒和高分贝中度过了三十年，CBGB负债累累，在重金属乐队日复一日的卖力表演下垂死挣扎，最终于2006年10月15日关门停业，愿它安息。如今这里变成了莫里森酒店（Morrison Hotel），这个画廊展出的图画都和音乐世界有关。

亚斯特坊广场周围的叛逆心理

离开“蜥蜴之王”吉姆·莫里森（Jim Morrison）盘旋的阴影笼罩着的光荣街道，我们沿着鲍威里街北上，随后是库珀广场，最后到达**阿斯特坊广场**。在广场的正中间，摆放着一个黑色钢制立方体，它靠一个顶点支撑平衡，自身可以旋转。附近有很多不错的商店和日本餐厅，尤其在开到午夜的**圣马可书店**（St Marks Bookshop）(56)（31 3rd Ave）里还能找到丰盛的精神食粮。了不起的是，这里的书商都宛如地道的导游，可以在众多书架上帮你找到最好的书：政治、诗歌、烹饪……说到广场东边属于圣马可广场的一部分，这里还是有一些惊喜，像是价格适中的**圣马可酒店**（St Marks Hotel）(57)（2号），最少120美元一晚——这简直是下城酒店的价格！——或是名为**“搜索与摧毁”**（Search & Destroy）(58)（23号）的二手服装店。

总体来说，与它橱窗展出的商品相比，店里就显得不是那么叛逆了，

库珀联盟学院（The Cooper Union）

位于库珀广场（Cooper Square）和第二大道之间，一座建于1859年漂亮的楼房就是库珀联盟学院的所在地。这个美术、工程和建筑学院严格筛选学生，录取率并不高。而为所有学生提供全额奖学金，学费全免的政策符合其创始人，企业家、慈善家彼得·库珀（Peter Cooper）的夙愿。美国第一辆蒸汽式火车就是由他发明的。

尽管在里面可以找到防毒面具、情趣玩具、印有骷髅头的T恤以及日本小学生的校服。在同一街区（19—25号），如今满是精致的商店，而之前这里容纳着一个有舞厅的德国文化协会，之后变成了波兰之家公寓。这里曾是犹太黑帮和意大利黑手党交火的地方，最终在1914年后者确立了优势，压倒了犹太黑帮……之后这里迎来了安迪·沃霍尔的迪厅"电子马戏团"（Electric Circus）和他举办的名为"不可避免的塑料爆炸"（Exploding Plastic Inevitable）多媒体音乐演出，演出者们都是一群对艺术对象有着执着追求的疯狂崇拜者。稍远一点的30号，这里曾经在1967年上演了戏剧性的"雅皮士"运动，名字来源于"格劳乔·马克斯主义者"（Groucho Marxistes）阿尼塔（Anita）和艾比·霍夫曼（Abbie Hoffman）创立的国际主义青年党（Youth International Party），他们是"垮掉的一代"的极端自由与和平主义的继承人。如今在这里我们可以吃到生鱼片和炸豆泥。正如迪伦所唱的那样："时代正在变革当中"，的确，时代在变化……

■ 纽约精神

犹太纽约

1957年，纽约总计有两百万犹太人，相当于每四个居民中就有一个犹太人。19世纪末，贫困和迫害使得中欧和东欧的犹太人离开自己的村庄，踏上了去往新世界的征途。许多人停留在曼哈顿，在这里日常的景色中留下了属于他们的印记：社区、美食、词汇……

时代变了。纽约的犹太人离开了下东区那些不卫生的公寓，搬到了视野更加开阔、空气更加清新的地方。像雷哥公园（Rego Park）、威廉斯堡尤其是米德伍德（Midwood），都是犹太人最为活跃的地方。但是下东区还是保留了之前的意第绪氛围。参观**移民公寓博物馆**（90 Orchard St）时，当年那些犹太家庭挤在狭窄公寓里生活的画面仍历历在目。不远处，通过亚瑟斯街，就是**前进大厦**（Forward, 175 East Broadway），直到1912年这里一直是左翼同名日报的办公地点，其发行量高达25万份。马克思和恩格斯的肖像仍然挂在入口处，用希伯来语写的"前进日报"四字则高挂在报纸的题头。至于**克勒泽克尔兄弟援助协会**（Kletzker Brotherly Aid Association, 5 Ludlow St），在被一家中国殡仪馆取代之前，它一直为有需要的人提供帮助、工作岗位和照顾。亚治烈街（Eldridge St）上的**犹太会堂**建于1887年，其哥特—摩尔式外墙吸引着人们的注意；还有小巧的**加尼那犹太会堂与博物馆**（Kehila Kedosha Janina Synagogue, 280 Broome St），它可以追溯到罗马帝国时期希腊犹太人那段动荡的历史，这里还容纳着仅存的最后几个犹太社区之一。**安吉尔·奥伦桑兹中心**（Angel Oresanz Center, 172 Norfolk St）之前是一个以科隆大教堂为蓝本，建于1849年的犹太会堂，之后则变成了一位西班牙画家的工作室！在预展和社交活动之余，它还会提供一些罕见的服务，像美国演员莎拉·杰西卡·帕克（Sarah Jessica Parker）和马修·布罗德里克（Matthew Broderick）的婚礼就是在这里举办的。

但是在纽约，犹太文化还依靠其特色美食继续存在——贝果面包、布利尼烤薄饼、熏鱼和夹心可丽饼——我们可以在应有尽有的**扎巴尔超市**（2245 Broadway）或者像**格雷泰尔面包房**（Gertel's Bakery, 53 Hester St）和**约拿·席梅尔馅饼店**（Yonah Schimmel Backery, 137 E Houston）这样超棒的糕点店里品尝这些美食。**卡茨熟食店**、**罗斯多特斯餐厅**（179 E Houston St）和**萨米罗马尼亚牛排屋**（Sammy's Roumanian Steak House, 157 Chrystie St）这三家不朽的餐厅祖祖辈辈都吸引着络绎不绝的食客，在这里可以品尝到下东区最棒的意第绪美食。腌菜爱好者们将会拥向**格斯腌菜**（Guss'Pickles, 85 Orchard St）和**腌菜兄弟**（Pickles Guy,

49 Essex St），昔日随处可见的腌菜店如今只剩下这最后几家。更远些，在第二大道上的素食餐馆 B&H **乳品店**（B&H Dairy，127 2nd Ave）里可以品尝到超棒的汤以及美味的犹太传统节日白面包。

　　离这里两步远就是**东村影院**（Village East Cinema，189 2nd Ave），它的天花板装饰着大卫星，第二大道又被称作"犹太里阿尔托"（The Jewish Rialto），而它是这条曾经开满剧院的大道的最后一个见证者。途中换一种风格，我们到非去不可的视听设备店 B&H（420 9th Ave）看看，店里的员工们都留着超正统派犹太教男性的两鬓长鬈发，佩戴着基帕小圆帽。在 **J. 莱文犹太图书与文物店**（J. Levine Jewish Books & Judaica，5 W 30th St）里，人们可以找到许多纽约犹太人必要和不必要的东西。

83

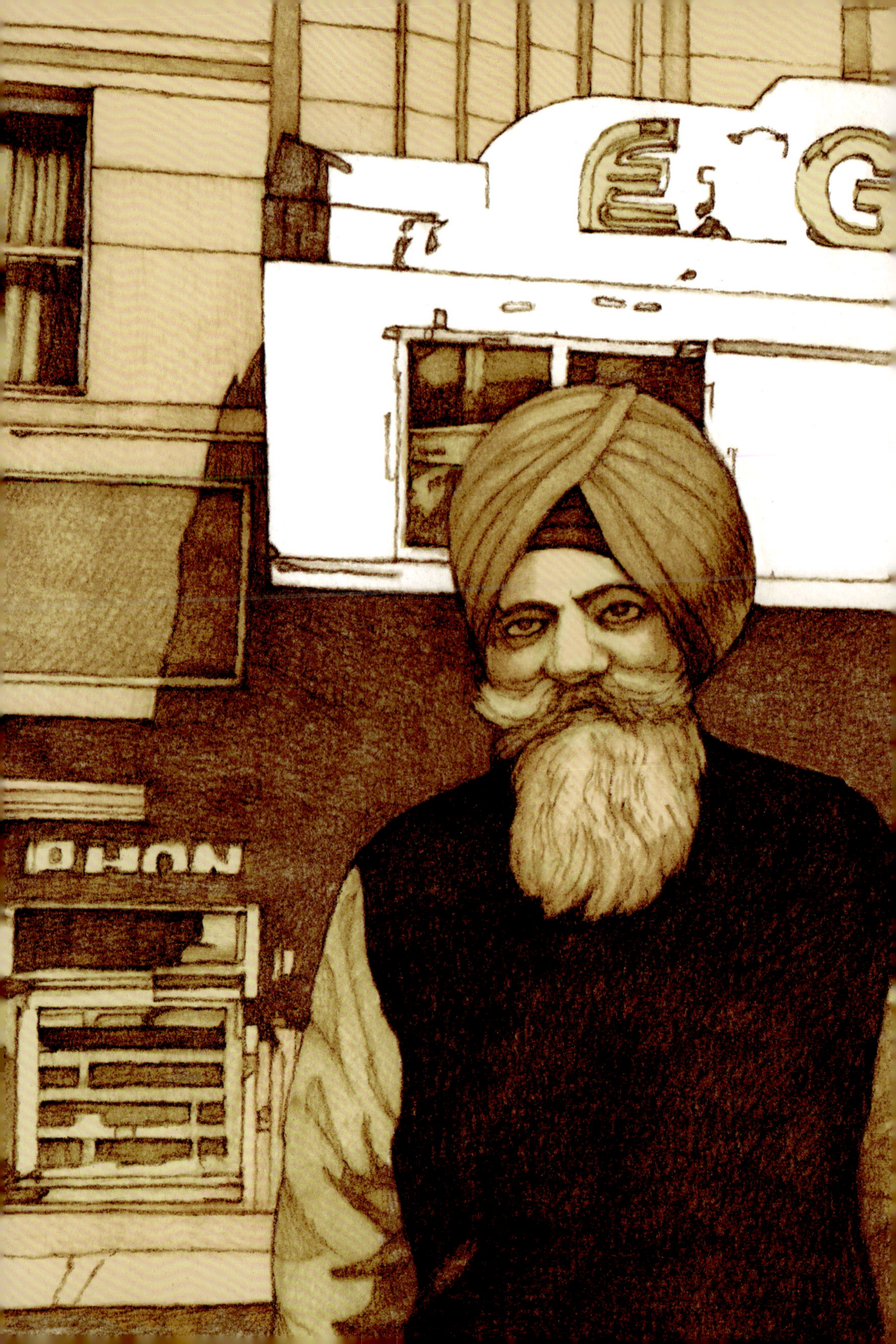

纽约巴别塔

地铁上环游世界

路线

2 - LONG ISLAND CITY
长岛市站

····· 地铁观光路线

1 - TIMES SQUARE
时代广场站

起点 Vers le Queens / TIMES SQUARE

杰克逊高地站

缅街—法拉盛

终点

Key locations (numbered)

1. 36th Ave (Suite)
2. Malagueta
3. Churrascaria Tropical
4. Omonia Café
5. Saint Demetrios
6. Taiwan Union Christian Church
7. Athens Square Park
8. Galaxy Pastry Shop
9. Titan Foods
10. Mediterranean Foods
11. Elias Corner
12. Lefkos Pirgos
13. Stamatis
14. Beer Garden
15. Mosquée Al-Iman
16. Sultana
17. Eastern Nights
18. Jerusalem
19. Fayrooz
20. Kabab Café
21. Café Mombar
22. Laziza of New York
23. Mita Jewelers
24. Patel Brothers
25. India Sari Palace
26. Today's Music (Suite)
27. Delhi Palace
28. Jackson Diner
29. Banco del Austro
30. Comandato
31. El Indio Amazónico
32. La Boina Roj
33. Mario
34. Barzola
35. Palacio de los Cholados
36. Flushing Meadows–Corona Park
37. Shea Stadium
38. Shun An Tong Health Herbal Co
39. Spicy & Tasty
40. Flushing Mall

Areas
- STEINWAY
- LONG ISLAND CITY
- JACKSON HEIGHTS
- WOODSIDE
- FLUSHING

出发：时代广场—42 街地铁站（Times Square–42 St）
到达：法拉盛，缅街—法拉盛地铁站（Main St–Flushing）
实用贴士：这条线路并不包括传统意义上的"参观"，更像是一种城市漫步，沿着高架地铁，穿梭在世界文化和口味当中。

纽约巴别塔

地铁上环游世界

每三个纽约人中就有两个出生在国外或者父母是移民的。面朝大西洋的纽约很好地诠释了"大熔炉"这个称号。自建城伊始，移民潮就不停地灌溉着这片土地；变化的只有这些新居民的来源。很长时间以来他们都是欧洲人，但如今来自四面八方的人都拥入这里，用国际化的拼图重塑了这个世界性城市。皇后区就是纽约了不起的民族多样性最突出的例子，在这个大熔炉里能听到各种口音，感受到异国气息。将近 150 个民族和平共存。犹太人、意大利人和爱尔兰人都在这里建立了一批杰出的社区，这儿有个小印度，那儿有个小厄瓜多尔，甚至有个比曼哈顿还大的唐人街……从时代广场出发，只要花一张地铁票的钱就可以环游世界一圈。高架地铁 7 号线，又被称作国际快线，就穿过这座五彩缤纷的巴别塔。至于 N 线，则穿梭在希腊区和巴西区中间，并且掠过阿拉伯化的施坦威街（Steinway St）。从巴西到巴尔干，从宝莱坞到大马士革，从台湾到波哥大……我们只需要从每个地铁站出来，就能深入这个习俗、语言和宗教都使游客们远离华尔街的世界！在沿街的音乐、气息和味道的烘托下，这场旅程必定料多味足。因为在融入美国这个大熔炉之时，每个社群必然都会带来自己的美食和习俗。好了，请大家上车就位，尤其注意：车门马上关闭，请勿靠近！

① 第三十六大道
② 马拉格塔餐厅
③ 热带烤串馆
④ 欧摩尼亚咖啡馆
⑤ 圣·德梅特里伊奥斯大教堂
⑥ 台湾基督教会
⑦ 雅典广场公园
⑧ 银河糕点店
⑨ 泰坦食品
⑩ 地中海食品
⑪ "伊莱亚斯角落"
⑫ 里夫米科斯·皮尔戈斯
⑬ 斯塔马蒂斯
⑭ 啤酒花园
⑮ 阿勒依曼清真寺
⑯ 苏丹娜水烟馆
⑰ 东方之夜水烟馆
⑱ 耶路撒冷水烟馆
⑲ 费柔姿水烟馆
⑳ 卡巴布咖啡厅
㉑ 蒙巴咖啡厅
㉒ 纽约拉兹扎
㉓ 美达珠宝店
㉔ 帕特尔兄弟
㉕ 印度纱丽宫
㉖ 今日音乐
㉗ 德里皇宫酒店
㉘ 杰克逊餐馆
㉙ 厄瓜多尔奥地利银行
㉚ 科曼达多
㉛ "亚马逊印第安人"
㉜ "红色贝雷帽"
㉝ "马里奥"
㉞ "巴佐拉"
㉟ "果汁官殿"
㊱ 法拉盛草场—科罗纳公园
㊲ 席亚球场
㊳ 顺安堂中药号
㊴ "香辣可口"
㊵ 法拉盛购物中心

■ 纽约巴别塔

✚ 搭乘地铁，飞向皇后区

全世界的人都相约在时代广场。还有什么比从这里开始我们的环球之旅更理所当然的呢？时代广场是必去的观光景点，尤其因为这里有很多酒店，但这个喧闹的广场除了大屏幕广告和大众娱乐外没有其他东西。所以我们可以头也不回地走进时代广场—42街地铁站，搭乘开往**皇后区**的黄色N线。起初在地下行驶，突然列车就开到高过长岛市地面十几英尺的地方，揭开一幅由停车场、高架交叉口、仓库和破楼房组成的郊区后工业化景色，可以感觉到房地产开发商和艺术家们都虎视眈眈地瞄准这里。事实上，这个待开发的街区仿佛一个新的边界，像极了下一个威廉斯堡。因为从地铁的窗户往下看，越过死气沉沉的街道，曼哈顿的天际线可以尽收眼底，非常地近。

黑豆饭、午睡和桑巴

N线仿佛一条在树枝上爬行的钢制毛毛虫，从31街往北，开向过去满是希腊社群的阿斯托利亚。

小巴西
在新的移民涌入皇后区之前，小巴西可是沿着西46街，占据了曼哈顿第五大道和第六大道之间的一整个街区。在这里我们仍能找到零星几间巴西餐厅。

往南走到第三十六大道 ❶，在街区入口处，一个沸腾的大熔炉将映入眼帘：墨西哥餐厅和中国餐厅、泰国小摊、卖贝果的小贩……自从曼哈顿的小巴西——西 46 街周围——人口开始减少，一个很大的**巴西社群**就在这里安营扎寨。还有，上百名里约热内卢居民和伙伴们振兴了皇后区的一角，在这里建立起了桑巴俱乐部、美容机构和脱毛中心——啊，要展现比基尼的魅力！——还有整容医院，一些展出性感火辣的细带式泳裤的五彩斑斓的橱窗，以及几家美味的餐厅，其中必去不可的要数以椰汁炖虾、仅周六供应的黑豆饭和自制柠檬水而闻名的**马拉格塔餐厅**（Malagueta）❷（25—35 36ᵗʰ Ave），还有更靠北的**热带烤串馆**（Churrascaria Tropical）❸（36—18 30ᵗʰ Ave），午睡之前，可以先在这里饱餐一顿味美多汁的烤肉……因为这里的人们非常尊重生物钟，有时刚到午后就非常宁静了——2002 年 6 月 30 日巴西国家足球队第五次获得世界杯冠军那天除外。那几天里，马路上胜利的欢呼声不绝于耳。

雅典人的衰落

还是在 N 线上，从百老汇大街开始，我们又可以在阿斯托利亚听到希腊口音。被刷成蓝白色的墙、雅典餐厅、赫耳墨斯洗衣店、希波克拉底门诊所……然而，昔日在这里处于显要地位的**希腊人**，如今只占该街区人口的 10%。第二代和第三代都搬到了更加绿色的郊区，尤其是我们不会再遇到长满皱纹、穿着黑色丧服的老奶奶，或者是嘴里叼着褐色烟头、边玩双陆棋边讲述昔日时光的老人们。但是不管怎样，希腊气息还是留存在这里。从地铁出来走几步，**欧摩尼亚咖啡馆**（Omonia Café）❹（32—02 Broadway）提供优质的咖啡，冷热都有，还有搭配上奶油和蜂蜜，即使长胖也要心甘情愿下肚的糕点：巴科拉娃蜜糖果仁千层酥、奶冻卷……

阿斯托利亚

约翰·雅各布·阿斯特四世（John Jacob Astor）把这个街区命名为阿斯托利亚，尽管他从没踏上过这片土地。这位出身贫寒的德国移民因皮毛生意发家致富，之后又搞起了房地产（尤其在纽约），1840 年左右他成为美国的首富。

波希米亚广场和啤酒花园的烟熏红肠

　　距离这里几个街区远，从 1927 年开始，圣·德梅特里奥斯大教堂（Saint Demetrios）❺（30—11 30th Drive）的圆顶和红色砖墙就象征着希腊元素融入了美国的汪洋大海。然而在 31 街的另一边，台湾基督教会（Taiwan Union Christian Church）❻（30—59 1st St）则彰显了遥远文化的面貌。再走几步，30 街直通雅典广场公园（Athens Square Park）❼，三根爱奥尼亚柱子以及苏格拉底和雅典娜女神雕塑都伫立在广场上。往东边走几个街区，银河糕点店（Galaxy Pastry Shop）❽（37—11 30th Ave）和老烟草批发商就位于一连串的咖啡店之中，仿佛一个来自希腊城邦科林斯（Corinthe）的老婆婆带着她那淋了蜂蜜的甜食和仿古的壁纸在迎接宾客。

　　距离阿斯托利亚大道不远，我们可以在泰坦食品（Titan Foods）❾（25—56 31st St）和地中海食品（Mediterranean Foods）❿（23—18 31st St）的小摊上找到鲜美的茄子、希腊羊奶干酪、葡萄叶包饭、碎肉茄子蛋、菠菜馅饼还有浓郁的酸奶……在"伊莱亚斯角落"（Elias Corner）⓫（24—02 31st St）的院子里或者每天七点到第二天凌晨两点营业的"里夫科斯·皮尔戈斯"（Lefkos Pirgos）⓬（22—85, 31st St）里也可以品尝到相同的美食，亦或是去"斯塔马蒂斯"（Stamatis）⓭（29—09, 23rd Ave）尝尝他家令人终身难忘的酸奶黄瓜、美味的烤鱼和无比新鲜的海鲜。

结束希腊篇章，我们可以浮光掠影地造访一下欧洲中部，去位于第 24 大道 29—19 号的**啤酒花园**（Beer Garden）❹ 吃点东西。作为纽约现存最老的啤酒花园，这里仍然生意兴隆。从 1919 年它就和**波希米亚广场**（Bohemian Hall）联结在一起，这个文化中心坐落在一个有些灰暗的大型建筑里，家具都是捷克风格，也拥有自己的餐厅。在这块斯拉夫地盘上，人们可以品尝到以白菜和猪肉为底料的中欧特色滋补美食，还有十几种优质啤酒供你在露天品尝个够。

东方化的施坦威街

我们重新回到南边的高速公路上，然后向左转进入第 28 大道。31 街和**施坦威街**之间隔着八个街区——大约 500 多米。**阿勒依曼清真寺**（Mosque Al-Iman）❺（24 — 30 号）是施坦威街上的标志性建筑物，它为十分活跃的阿拉伯穆斯林社区服务，如今它的规模比布鲁克林大西洋大道（Atlantic Ave）上的还大。旅行社，珠宝店，有水烟袋、穆斯林日历、祈祷石钟和穆斯林女子头巾的黎巴嫩和摩洛哥商店……在这条热闹的路上，可以与各种信仰的人擦肩而过，他们有的穿着牛仔裤，有的穿着阿拉伯长袍。许多埃及水烟沙龙则会邀请你进去来上一杯吉开酒——这完全是合法的。因此我们可以在放心地抽上一袋水烟或者细细地品味茶香，香甜的烟雾萦绕在**苏丹娜水烟馆**（Sultana）❻（25—03 号）、**东方之夜水烟馆**（Eastern Nights）❼（25—35 号）、**耶路撒冷水烟馆**（Jerusalem）❽（25—42 号）或者还有远一点的**费柔姿水烟馆**（Fayrooz）❾（28—08 号）。装饰成埃及旧货铺的**卡巴布咖啡厅**（Kabab Café）❿（25—12 号）供应美味的炸豆泥。至于**蒙巴咖啡厅**（Café Mombar）⓫（25—22 号），进门之前，可以先尝试破解它神奇门面上的神秘之眼，然后再品尝穆斯塔法炖羊肉，错过这道菜简直天理难容。

以钢琴之名命名

1850 年德国钢琴制造者海因里希·恩格尔哈德·施坦威格（Heinrich Engelhard Steinweg）带着三个儿子离开德国到了纽约。几年间，他成立了自己的公司，把工作室设在曼顿，并把自己的名字改为亨利·施坦威（Henry Steinway）。因制造高质量的乐器，他的公司繁荣发展，于 1880 年在阿斯托利亚设立了"施坦威村"，一个真正的带有工作坊、铸铁厂、邮局、住宅和绿地的工业城。之前的主街也以他的名字重新命名。直至今日，全世界最好的钢琴还是产自附近施坦威一号广场上的工厂里。

巴尔干世界

希腊区边缘上跳跃着一些巴尔干的音符。因此，在 31 街上，我们会注意到黑山烤肉店（Montenegro Grill）和一个隐秘的波斯尼亚汉堡店（Bosnian Burger）……离这里不远，第 28 大道和施坦威街的交会处有一家小型超市供应李子酒和其他多瑙河美酒。

■ 纽约巴别塔

> **行人们，请注意！**
>
> 皇后区的地名很有特点，要想不靠GPS定位系统从这里脱身，最好还是了解一下。第一，和曼哈顿不同，这里的大道（avenue）是东西方向，街（rue）为南北方向，越往北走街道的门牌号就越小。第二，第1街位于西边，而271街则在东边。第三，其他的干道，如路（road）和车道（drive），有时会与大道平行。因此，沿着23街向北走时，首先我们将会遇到第30车道，随后是第30路，最后才到达第30大道。最后一点，人行道上的数字排列方式非常简单，每个前面都会有一个与旁边垂直街道相关的前缀。例如，第37大道83—10号就位于83街和84街之间。74街34—20号就在第34大道和35大道之间的某个地方。只需要好好想一下就能明白了！

阿斯托利亚剧院

在施坦威街和第30大道交会的十字路口处，这座建于1920年的巨大剧院如今变成了一家药店和健身房。马克斯兄弟（Marx Brothers）在阿斯托利亚旁边的考夫曼制片厂里拍摄的电影，就是在这座漂亮的建筑里首映的。

施坦威街不只有超棒的餐厅，还有约旦糕点，单凭这一点就不虚此行：**纽约拉兹扎**（Laziza of New York）㉒（25—78号）。精致的甜点配上核桃、蜂蜜、开心果和杏仁，有时还配上五颜六色的糖浆，可以外带也可以现吃。往南边的施坦威街地铁站走两步，就可以——只是意识上——稍微远离这家甜品店。随后我们重新登上地铁（R线和V线）。

走进德里

地球仪重新转动，这次停在了杰克逊高地—罗斯福大道—74街—百老汇大街地铁站（Jackson Heights—Roosevelt Ave—74th St—Broadway Station）的**南亚次大陆**上。站在杰克逊高地的人行道上仿佛置身印度德里，人们边发表意见边不停点头，口中还发出卷舌音"R"。罗斯福大道和第37大道之间，第47街像极了一个印度集市，只是缺少了印度"大使牌"轿车和季风。这里有一整排脱毛中心，**美达珠宝店**（Mita Jewelers）㉓（37—30号）里的钻石和22K金珠宝，对面**帕特尔兄弟**（Patel Brothers）㉔（37—27号）里美味的印度酸辣酱、香料和异域蔬菜，还有**印度纱丽宫**（India Sari Palace）㉕（37—07号）里五彩缤纷的纱丽。为了完全深入这个美国宝莱坞，我们可以去**"今日音乐"**（Today's Music）㉖（73—09 37th Rd）店里买几张CD和DVD。更棒的是，我们将走进毗邻的老鹰剧院（Eagle Theater），这里上演的著名悲喜音乐剧都在孟买拍摄，且配有英文字幕。同样是在这个具有战略意义的十字路口附近，可以找到纽约最好的塔利套餐和咖喱，一些专家认为这里的口味远远超过了东村那些被"西化"的印度餐厅。特别值得一提的还有**德里皇宫酒店**（Delhi Palace）㉗（37—33 74th St）和以简餐闻名的**杰克逊餐馆**（Jackson Diner）㉘（37—47）。

杰克逊高地的拉美聚居区

罗斯福大道上相继出现一家家酒吧，它没有任何过渡，很快就变成一条拉丁风情大道。沿着高架地铁，从74街到詹克森大道（Junction Blvd）是一大片西语区，如今这里的七彩招牌、霓虹灯和以撕心裂肺的音量播放着巴恰特、梅伦格和雷鬼这些拉美节奏的喇叭，都日益增加。谁还记得那些在战胜下东区的不卫生和混乱之后，搬到这儿来的犹太人和意大利人呢？继多米尼加理发师之后，厄瓜多尔花店也来到这里；咖啡店、商店和餐厅里的电视机，无一例外都播放着拉丁频道，工作人员有时还有客人们，都被拉美电视剧、西语新闻报道和体育赛事转播深深迷住。

丝毫没有受到在地铁阴影下闲逛的人潮影响，三座圣洁的处女雕像闪闪发光，鱼贩在切一条箭鱼，一个年轻的姑娘为了成人礼正在试穿一条玫瑰色连衣裙。在这个西班牙语区里，英语不再适用，这里所有的一切都是为了那些离家的——比预期回来更晚的——游子们，以便他们和留在这里的家人们保持联系。

同性恋生活

伍德赛德（Woodside）和杰克逊高地的边缘地区熠熠生辉、种族混杂，不久以前，这里成为纽约的第二大同性恋街区，并且当然是最具拉美风情的。亚特兰蒂斯俱乐部（Club Atlantis, Roosevelt Ave 76—19）和"朋友的小酒馆"（Friend's Tavern, 78—11）就是最好的证明。

从皇后区高架铁路下走过

■ 纽约巴别塔

杰克逊高地人气最高的街区

城市花园

每年六月的周末，穿过杰克逊高地历史区域的那些私人城市花园是一件令人惬意的事情。

走不了一百米就会碰到卖电话卡的小贩，汇款或邮寄包裹的柜台。在一些公司的客服中心里，例如**厄瓜多尔奥地利银行**（Banco del Austro）㉙（80—08），因为经济原因而分离的家庭们可以通过视频电话和家人团聚。而厄瓜多尔家电品牌**科曼达多**（Comandato）㉚则在81街的角落里开了一个展示厅。在这里可以预订冰箱、炉灶或是洗衣机。几天之内，预定的家电就会送货上门，即使是安第斯山脉最偏远的村庄也没问题！再远些，88—05号的"**亚马逊印第安人**"（El Indio Amazònico）㉛为那些沉迷于神灵的人们提供利尿排毒、滋补壮阳的草药和药水，还有神明的力量。

如果吃饭时间到了，就离开罗斯福大街朝第37大道走去，那里的美食可是美名远扬。在一大片烤肉店和肉馅卷饼中，存活着几家美国和日本餐厅。闭上双眼，去"**红色贝雷帽**"（La Boina Roja）㉜（80—22号）品尝菜量惊人的阿根廷烤肉，到"**马里奥**"（Mario）㉝（83—02号）饱餐一顿美味的烤鸡，或者为了浓汤和酸橘汁腌鱼跑到92—13号的"**巴佐拉**"（Barzola）㉞，然后去"**果汁宫殿**"（Palacio de los Cholados）㉟（83—18 Northern Blvd）吃吃甜点，或者在大热天的时候来杯清爽的水果冰沙凉快一下。

东西从75街到81街，南北从罗斯福大道至北方大道，这片区域被列为历史街区。善于观察的人会注意到这个街区建筑几格的和谐性。1917年，优雅的高级花园住宅小区是在高架铁路通车之际一并规划修整的，它们由砖瓦建成，是美国的首创。这些花园新村让住户（那个年代主要是爱尔兰人和德裔犹太人）得以享受私密的绿色空间。因为处于每个街区的内部，这里远离喧闹的街道。

终点站：唐人街

但是90街—艾姆赫斯特大道地铁站（90th St—Elmhurst Ave）就在附近，是时候踏上站台，登上国际快线——又名7号线的列车了。

这个高架地铁穿过昔日被意大利人"占领",而如今具有百分之百拉美风情的科罗纳高地(Corona Heights)。这个地区非常有名,路易·阿姆斯特朗(Louis Armstrong)退休后选择在这里过着平静的生活。不喜欢音乐的人继续留在车上,视线将会迷失在**法拉盛草场—科罗纳公园**(Flushing Meadows-Corona Park)**中** ㊱。为了迎接 1939 年的世博会,这片原来的沼泽地变成了广袤的绿色空间。别名"科罗纳山"的巨大垃圾场曾经主导着这片荒凉的区域,弗朗西斯·司各特·菲茨杰拉德(Francis Scott Fitzgerald)在小说《了不起的盖茨比》中就是这样叫它的。左边,在**席亚球场**(Shea Stadium)㊲ 和曾经饱受苦难的后工业场景之外,飞机就停在拉瓜迪亚机场(LaGuardia)的跑道上,与水面齐平。后面的背景是布朗克斯区。

随后,地铁到达终点,**缅街—法拉盛地铁站**(Main St—Flushing),它位于纽约最大唐人街的正中心。作为避难圣地,法拉盛在 17 世纪时接纳了一批在曼哈顿遭受荷兰总督彼得·施托伊弗桑特迫害的贵格会教徒。许多逃跑的奴隶们都在这里重获自由。也是在这里,意大利人和希腊人离开后,如今这里的人们都说着普通话、韩语或越南语……据说有七万美籍华裔住在这里。地铁站附近,繁华的缅街和临近街区上有一个巨大的露天市场。这里出售异国水果、鱼干、奇怪的蘑菇还有带馅儿的糕点和**顺安堂中药号**(Shun An Tong Health Herbal Co)㊳ 的草药(135—24 Roosevelt Ave)以及家常粤菜。神秘的楼梯在棚铺之间攀升,狭窄到每次只能过一个人。在沿街叫卖的妇人手中可以买到杂志、电脑设备以及……"超级舒服的按摩"。我们将去**"香辣可口"**(Spicy & Tasty)㊴ (39—07 Prince St),混到来吃午饭的当地亚洲家庭间,享受一顿海鲜的饕餮盛宴。或许你更喜欢**法拉盛购物中心**(Flushing Mall)㊵ (133—31 39th Ave)喧闹的气氛,这个巨大的商业中心里有超多泛亚食品、电器材料和中国流行音乐,任君选择。还有一家名字略显庸俗的**"真爱婚纱摄影"**(True Love Wedding Photography),尤其是这个婚姻中心有一间超大的婚纱摄影棚。我们仿佛置身在一座中等城市的市中心,它并非真正意义上的美国城市,但也不完全亚洲化。

路易·阿姆斯特朗

107 街 34—56 号上的房子依旧保持着原来的样子,路易·阿姆斯特朗在这里度过了他人生最后的 28 年。感人的参观导览让人们得以稍微进入到这位音乐家的内心深处。夏天,花园里会举办音乐会,在故居的正对面,一家爵士俱乐部将马上开门营业。

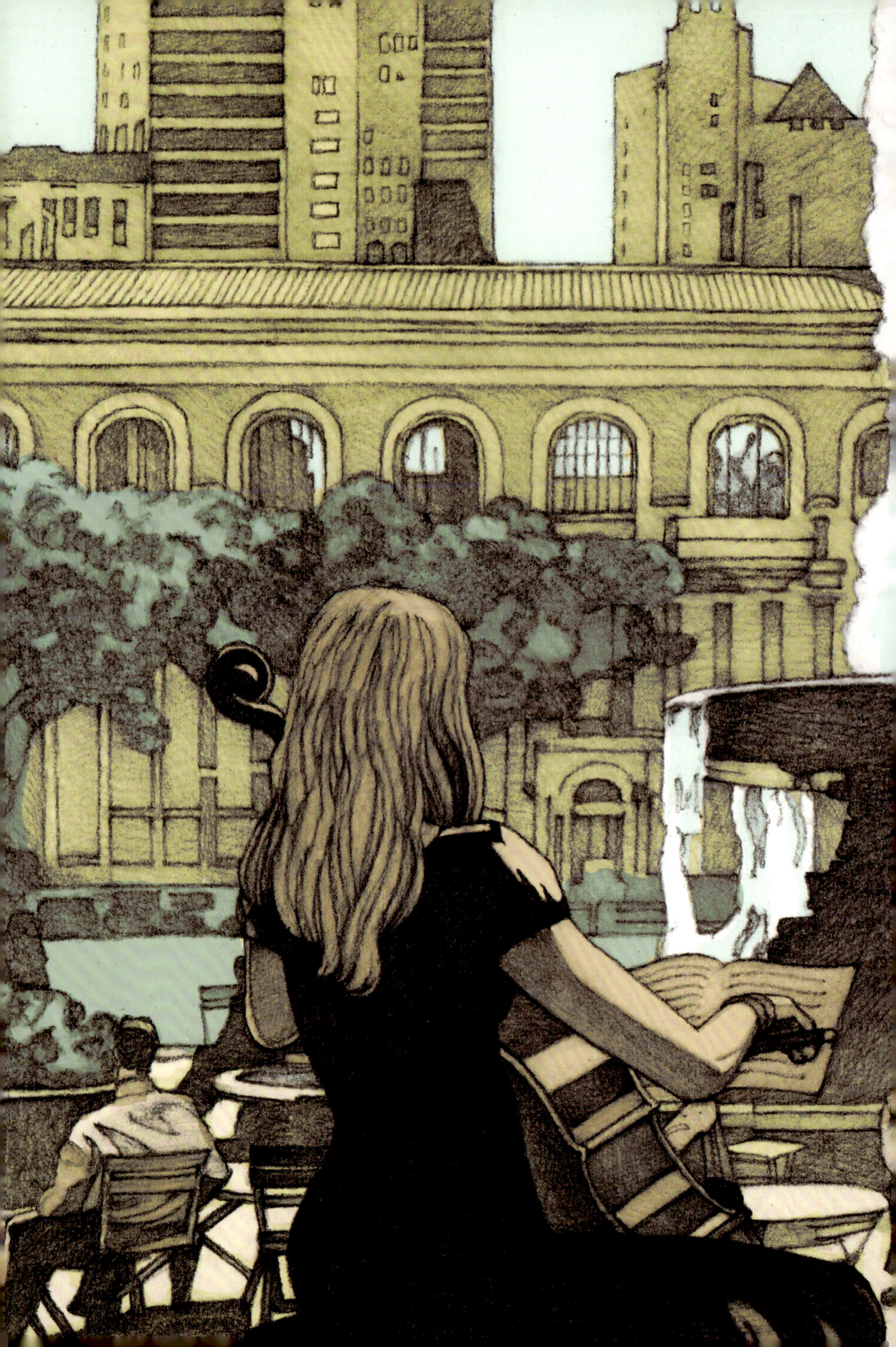

绿色纽约

市场与花园

路线

起点
终点
Central Park
Central Park South
Hotel Plaza
Apple Store
Fifth Ave-59th St
59th St-Lexington Ave
Fuller Building
Cohen Park
Gotta Have It!
57th St
W 57th St
W 56th St
MIDTOWN
Paley Park
W 54th St
5th Ave-53rd St
W 52nd St
Rockefeller Center
47th-50th Sts-Rockefeller Center
W 45th St
Sixth Ave (Avenue of the Americas)
Fifth Ave
Madison Ave
Park Ave
Lexington Ave
Third Ave
Second Ave
First Ave
Sutton Place
FDR Drive
E 61st St
E 60th St
E 59th St
E 58th St
E 57th St
E 56th St
E 55th St
E 54th St
Lexington Ave-53rd St
E 53rd St
E 52nd St
Greenacre Park
51st St
E 51st St
Deux Amis
E 50th St
2nd Avenue Farm
E 49th St
E 48th St
Jardin des Nations-Unies
E 47th St
E 46th St
E 45th St
E 44th St
Nations-Unies
Tudor City Greens
Grand Central Terminal
Chrysler Building
E 43rd St
Tudor City Pl
Fifth Ave
Bryant Park
Grand Central-42nd St
E 42nd St
E 41st St
Vers Union Square
East River
MIDTOWN
中城
Trajet en bus
Trajet en métro
33rd St
Suite
E 33rd St
E 32nd St
E 31st St
E 30th St
E 29th St
E 28th St
E 27th St
E 26th St
E 25th St
E 24th St
E 23rd St
E 22nd St
E 21st St
E 20th St
E 19th St
E 17th St
E 16th St
E 15th St
E 14th St
E 13th St
E 12th St
E 11th St
E 10th St
E 9th St
St Marks Pl
E 7th St
E 6th St
E 5th St
E 4th St
E 3rd St
E 2nd St
E 1st St
E 8th St
LITTLE KOREA
W 29th St
W 27th St
Broadway
Madison Ave
28th St
Park Ave S
Lexington Ave
FLATIRON DISTRICT
Madison Square Park
W 24th St
23rd St
Flatiron Building
Third Ave
Gramercy Park
Irving Pl
GRAMERCY PARK
Second Ave
Stuyvesant Square
First Ave
Fifth Ave
Avenue of the Americas
UNION SQUARE
Union Sq
Union Square Green Market
Whole Foods Market
6th Ave-14th St
14th St-Union Sq
Third Ave
First Ave
Sixth Ave
University Pl
Fourth Ave
W 11th St
W 10th St
W 9th St
W 8th St
8th St NYU
Astor Pl
EAST VILLAGE
Tompkins Square Park
Ave A
Ave B
Ave C
Ave D
ALPHABET CITY
Washington Square Park
W 4th St
W 3rd St
New York University
Colonnade Row
NOHO
GREENWICH VILLAGE
MacDougal St
Bleecker St
Bond St
Hamilton Fish Park
W Houston St
E Houston St
Broadway-Lafayette St
Lower East Side-Second Ave
Whole Foods Market
NOLITA
Stanton St
Columbia St
Baruch Dr
East River Park
Franklin D Roosevelt Dr
SOHO
Sixth Ave
Prince St
Lafayette St
Sullivan St
Thompson St
Wooster St
Crosby St
Mulberry St
Mott St
Elizabeth St
Bowery
Sara D. Roosevelt Park
Norfolk St
Rivington St
Ridge St
Pitt St
Pont de Williamsburg
Delancey St
Delancey St-Essex St
Spring St
Chrystie St
Kenmare St
Broome St
Watts St
Greene St
Mercer St
LITTLE ITALY
Bulbs World
Forsyth St
Eldridge St
Allen St
Orchard St
Ludlow St
Essex St
Suffolk St
Grand St
LOWER EAST SIDE
E Broadway
Gouverneur St
Jackson St
Cherry St
Canal St
Lispenard St
Hudson Square
Centre St
Baxter St
Hester St
CHINATOWN
WH Seward Park
East Broadway
Montgomery St
Walker St
Division St
Clinton St
Marginal St
Beach St
N Moore St
Franklin St
White St
Church St
W Broadway
Bayard St
Confucius Plaza
Pell St
Doyer's St
Doyer's
Henry St
Madison St
Cherry St
FDR Dr
Hogan Pl
Columbus Park
Harrison St
Worth St
Thomas St
Mosco St
Federal Plaza
Thomas Paine Park
Rutgers Park
Duane St
African Burial Ground
Park Row
Catherine St
Monroe St
East River
Marshall St
Chambers St
Elk St
Greenwich St
TRIBECA
Warren St
City Hall
Police Plaza
Ave of the Finest
Madison St
TWO BRIDGES
Pont de Manhattan
VINEGAR HILL
Navy St
Gold St
John St
Plymouth St
Bridge St
Water St
Front St
York St
West Side Hwy
Park Pl
Barclay St
City Hall Park
Chambers St/Brooklyn Bridge-City Hall
LOWER MANHATTAN
Gold St
Pont de Brooklyn
Empire Fulton Ferry State Park
Main St
Washington St
DUMBO
Brooklyn-Queens Expwy
Vesey St
Broadway-Nassau St
Site du World Trade Center
Pearl St
Pier 17 et 18
Pier 16
Sands St
Flatbush Ave
Jay St
DOWNTOWN BROOKLYN
Parkes Cadman Plaza
High St
0
500 m

出发：中央公园东南角
到达：布鲁克林帝国—富尔顿渡轮州立公园（Empire—Fulton Ferry State Park）
实用贴士：这条路线适合天朗气清的日子，以便能真正享受那些出乎意料的绿洲散发到全城的凉爽清新。租一辆自行车，我们可以取道布鲁克林大桥，随后穿过布鲁克林高地、格林堡和卡罗尔花园（Carroll Garden），继续城市漫步。

绿色纽约

市场与花园

草坪舒服柔软、田间小路交错、水面如镜，传奇的中央公园风景如诗如画，绝对值得花上一整天时间来欣赏它的美。在曼哈顿的十几个绿色空间里，中央公园是一个绝佳的起点，从一个公园到另一个公园，开始我们的绿色漫步。尽管大苹果城由钢筋混凝土打造而成，但为了能让人们大口呼吸，它里面还有许多不可思议的绿色飞地。宽阔的公园和周边的广场、社区花园、覆满植被的院子还有绿色建筑……列出来的名单真是又长又惊人。为了让人远离城市的疯狂与喧嚣，享受片刻的幸福与宁静！因此大苹果城出现了比我们想象中更多的绿色空间……还更加天然有机。事实上，即使美式生活方式有时仍会让人想到垃圾食品和狼吞虎咽，但纽约人对精致生活的爱好越来越强烈。大多数纽约人更喜欢精致的餐食和具有创造性的厨师。更甚，如我们所知，纽约人十分关心自己的身体状况，他们总是带着幸福和迷恋拥抱绿色食品。有机食品杂货店和超市分散在城市各处，例如绿色市场的小摊上排满了蔬菜水果、牛奶还有其他以前人们爱吃的新鲜产品。规模和客流量最大的绿色市场位于曼哈顿正中心的联合广场上，每周营业四天。但是最近几年，从布朗克斯区到史丹顿岛（Staten Island），经过威廉斯堡和阿斯托利亚，冒出了大约五十几个绿色市场。

❶ 广场酒店
❷ 苹果商店
❸ 佩雷公园
❹ 福勒大厦
❺ 科恩公园
❻ "稳操胜券"
❼ 小公园
❽ "两个朋友"
❾ 格林埃克公园
❿ 第二大道农场
⓫ 联合国花园
⓬ 都铎城市绿地公园
⓭ 中央火车站
⓮ 联邦广场绿色市场
⓯ 全食食品超市
⓰ 施托伊弗桑特广场公园
⓱ 全食食品超市
⓲ 萨拉·D. 罗斯福公园
⓳ 日昇灯饰
⓴ 多也
㉑ 哥伦布公园
㉒ 托马斯·潘恩公园
㉓ 非裔公墓
㉔ 市政厅
㉕ 富尔顿渡轮州立公园

■ 绿色纽约

从中央公园到中城的小公园

在曼哈顿十几个绿色空间里，**中央公园**是其中最大也是最传奇的一个，把这里作为起点再好不过。让我们相约在中央公园的东南角，令人敬仰的**广场酒店**（Plaza Hotel）❶俯瞰着这里。眼看着敞篷四轮马车把游客们带向另一个时代之旅，我们则从第五大道往南走向一片由六个街区组成的空间。**苹果商店**（Apple Store）❷的玻璃立方体就在这里，随后是波道夫·古德曼百货（Bergdorf Goodman）、路易·威登（Louis Vuitton）和蒂芙尼（Tiffany）等众多国际大牌奢侈品的豪华橱窗。

和旁边的街道一样笔直，53街向左直接通向麦迪逊大道（Madison Ave）。3号的口袋公园名为**佩雷公园**（Paley Park）❸，位于喧闹的中城区中心一个隐秘安静的区域，水幕墙瀑布作为整个公园的背景，掩盖了街道的喧嚣。石板路上放置着一些桌椅，墙上覆盖着藤本植物，使公园的每一边都变成垂直的花园：这个公共空间的所在地原来是纽约最著名的夜店之一：充满魅力的史托克俱乐部（Stork Club），它于1966年拆毁，海明威、卓别林、辛纳屈、玛丽·莲梦露、肯尼迪家族甚至还有温莎公爵和夫人都是这里的常客。这个地方特别适合打电话，或者在天气晴朗的时候，等报刊亭一开张，享用一个美味的热狗也不错。洋槐的树叶轻轻飘落，带来有益于身心健康的阵阵清新。

沿着57街：徜徉在东河中

恢复活力后，从这个美丽幽静的绿色隐蔽地点离开，重新回到麦迪逊大街，随后向北走直至57街。

然后向右转，沿途欣赏41号**福勒大厦**（Fuller Building）❹的装饰艺术风格楼面，最后到达**公园大道**（Park Ave），这条大道因被满是灌木和秋海棠的隔离带一分为二而得名。穿过这条道，继续探索57街，在离左边人行道稍远的地方隐藏着另一个口袋公园：有着浓厚80年代气氛的**科恩公**

"口袋"公园
这一小片绿色的出现是为了让城市"透透气"，口袋公园都建在废弃或者肮脏的小块土地上。大小差不多一公顷……就比上衣口袋大一点！

哈莱姆区的森林

这里位于曼哈顿最北边，哈德逊河与哈莱姆河的汇流处。**茵伍德山地公园**（Inwood Hill Park）岗峦起伏，这片"货真价实"的森林使人想到在欧洲人来之前，曼哈顿作为一座岛屿本来的样子。树叶与针叶、步道和岩石……鸟语花香，松鼠发出窸窸窣窣的声音。站在高处，哈德逊河壮丽的景色尽收眼底。向下望去，驳船和拖轮轻轻划开带有泡沫的绿色河水。大海就近在咫尺。这片有氧绿洲简直太棒了！要到达这里，需要搭乘地铁A线直到终点站：茵伍德—207街（Inwood—207th St），向北走到西207街，然后从游乐区和网球场中间溜进去。经过一段运动量很大的攀爬后，就可以在幽静的林下草木中愉快地闲逛。

园（Cohen Park）❺。几节竹子给这个呈几何构造、配有红黑桌椅的公园带来一抹绿意。小溪流过石头，悦耳的声音驱散了城市的喧嚣。2001 年，这座公园被献给著名房地产开发商科恩兄弟，他们使第三大道上出现了许多豪华的高级住宅，完全改变了这条大道的风貌。街上再远些，就是收藏拍卖行"稳操胜券"（Gotta Have It！）❻令人目瞪口呆的橱窗，这里是音乐迷和幸运球迷们真正的阿里巴巴藏宝洞穴。我们能找到加拿大摇滚歌手尼尔·杨（Neil Young）的吉他、滚石乐队创始成员之一米克·贾格尔的手稿、迷幻摇滚乐队海滩男孩（Beach Boys）亲笔签名的唱片、美国著名棒球运动员乔·迪马吉奥（Joe di Maggio）和鲍勃·迪伦的照片以及迈克尔·乔丹的亲笔签名……

佩雷公园

■ 绿色纽约

罗斯福岛
罗斯福岛位于东河的正中央，曼哈顿和皇后区之间，起初这里有一座监狱、几家医院和一间收容所，之后变成了中产阶级的住宅区。

从第二大道开始，街上就变得安静了。错综复杂的植被、中世纪的小天使和图案装饰着57街这一段漂亮的砖墙，直到一个死胡同为止，俯瞰着东河上方。

一个**小公园** ❼ 出现在街道末端。一棵树、一盏路灯、一个沙坑还有一头奇怪的铜制野猪不知所以地伫立在公园里，它就卡在两座私人花园中间，人们可以在这里好好享受阳光。这个街区十分精致。然而，公园的常客主要是一边用俄语或西班牙语闲聊，一边欣赏**昆斯伯勒大桥**（Queensborough Bridge）、它红色的空中索道以及**罗斯福岛**（Roosevelt Island）风景的保姆们。从54街到59街，所有的街道都以同一种方式结束：一个有着相似花园的死胡同，有时还摆放着几张棋桌。在黑夜将尽的晨光中，对于清晨的沉思者来说，这些公园仿佛一座座小巧的天堂。

向南下行到联合国

享受完这片刻静谧后，重新回到萨顿广场（Sutton Place）向南走，直到53街，两者形成了一个开满鲜花但略显吵闹的三角地带，与其接壤的罗斯福路（FDR Drive）在玫瑰花旁发出阵

102

阵轰鸣声。

伴随着洗衣店的味道，我们爬上53街，随后左转进入第一大道。一家花店占据了52街的一角。再走一个街区，向右转进入51街。去看一眼挤在两座建筑中间的法国小餐馆**"两个朋友"**（Deux Amis）❽，右边人行道上的**格林埃克公园**（Greenacre Park）❾被认为是最成功的"口袋公园"。在这里能找到口袋公园所有的经典元素：瀑布、桌椅，提供三明治、酸奶和新鲜果汁的报刊亭……或许再加上灵魂。附近大楼的保安们会在升高的露台稍作休息吗？还有那些漂亮的杜鹃花和闪着银光的皂荚树。我们只能一小时又一小时，毫不吝啬地延长在这里休息的时间。要上一杯冰茶，沉醉地凝视着在这座建于1971年的小天堂中闲逛的行人们。如果不是一位名叫阿比（Abby）的女士，这座公园就不会存在，她是希望"在繁忙世界中创造一些宁静时刻"的富人慈善家约翰·D.洛克菲勒（John D. Rockefeller）的大女儿。

这种甜蜜的懒散已经进入我们的身体，艰难地从中挣脱后，让我们重新折回第二大道。向南走的同时，会遇到940号的**第二大道农场**（2ⁿᵈ Avenue Farm）❿商店，店里有新鲜的花朵和富有光泽的水果，产品的价格随市场变动。之后就到了49街和第二大道交会处，长满灌木丛的史特林广场（Sterling Plaza）。在47街的高地上再次向南走，往东河走去，到了尽头，第一大道的角落里便是联合国达格·哈玛绍广场（Dag Hammarskjöld Plaza），使人们对联合国第二任秘书长的回忆涌上心头。正对面，河边就是**联合国花园**（Garden of United Nations）⓫及其现实主义雕塑。沿着一长排成员国国旗，重新向南走到第一大道，国旗按照字母顺序排列，从阿富汗到津巴布韦。

42街的英伦气氛

42街上的阶梯通向右边美丽的**都铎城市绿地公园**（Tudor City Greens）⓬，这座英伦气息浓厚的公园被高高的新哥特式风格墙面包围，墙上装饰着壁柱和四叶草图案。这座荒凉的花园沉浸在奇怪的氛围中，给人一种长满蕨类的英式墓地的错觉。

格林埃克公园

备受纽约人喜爱的格林埃克公园里种满了可以产蜜的角豆，还有意大利五针松、木兰、垂柏和日本枫树。它的蔓藤绿廊里配有暖气，以便人们在冬天御寒。

103

大苹果城正中心的"农夫市场"

纽约长时间以来都是垃圾食品的代名词，当地居民们食不知味、五分钟之内吞下一个三明治的壮举更是为人熟知。但现在大苹果城终于坐到了饭桌前。更棒的是：他们爱上了绿色食品！有机食品杂货店和超市总是门庭若市，绿色市场和农夫市场越来越多。2008年，共计有45家建于1976年、永续经营的市场，其中曼哈顿有26家。在里面我们可以找到水果蔬菜，也有面包、牛奶、蜂蜜、有机肥料以及旧衣回收箱。规模最大的绿色市场在联邦广场（Union Square）上，每周开业四天。原则是：保障给居民们供给新鲜的食品，同时以绿色环保的手段承担起支持附近小生产商的责任。它们深受纽约美食家和本土膳食主义者*的青睐，回头客越来越多。

*"本土膳食主义"运动的成功使食用本地产食物成为新的趋势，他们拒绝消费距离100英里（160千米）以外的食品，主要是为了减少因运输商品而产生的二氧化碳排放。

冬天，洁白无瑕的雪花点缀了这仙境般的美景，几盏矮小的路灯浮现其中。42街幽深的"沟槽"将公园一分为二，从这里通过儿童游乐区旁的双楼梯就到了42街320号福特基金会大楼（Ford Foundation Building）的巨大天井，里面充满自然光线，仿佛一座繁茂的冬之花园，它是曼哈顿最早建造的几个此类型花园，或许也是最受欢迎的一个。

沿着42街走直到**中央火车站**（Grand Central）❸，在曼哈顿这个传奇的车站里，我们将搭乘一辆地铁快线（4号线或5号线）到达14街—联邦广场站（14ᵗʰ St—Union Sq）。值得一提的是，地铁本身就在贯彻可持续发展的理念：它不断循环利用刹车所释放的能量。

联合广场：布波族的绿色天堂

从地铁站出来，正对面就是曼哈顿的农夫市场：**联邦广场绿色市场**（Union Square Green Market）❹。每周一、三、五、六的上午八点到下午六点，生产商们沿着百老汇大道，在14街和17街之间露天摆摊。这里的食品都很新鲜，每个季节都有一堆堆诱人的时令蔬果：番茄、生菜、胡萝卜、花菜、五颜六色的葫芦瓜、葡萄、土豆、覆盆子还有醋栗，让新鲜和正宗产品的爱好者们趋之若鹜……

大部分顾客为布波族，他们主要光顾鱼类贝类、羊奶酪、天然糖浆、蜂蜜、纯天然牛奶还有手工松饼摊位。人们可以把家里的果皮垃圾带来，扔进位于另类全球化T恤展台和蜂蜜蜡烛小摊中间的有机肥料箱中。所有的生产商都住在大苹果城的附近，吸引着热衷于本地食材的"土食者"们：本土膳食主义者。

如果市场关门了，我们可以冲进对面的**全食食品超市**（Whole Foods）⑮，里面的商品并不全是绿色产品，但却是"100%纯天然"——这个细微的差别有时很难分清！在这家"绿色"超市的货架上可以找到一堆丰富的好东西——它们并不只是有益于健康：从有机番木瓜到袋装瓜子和水果干，还有精油牙膏。商店深处的熟食店里供应各色菜品，可以外带也可以现吃。从楼上的咖啡厅远眺，还可以看到广场和帝国大厦。

格拉梅西公园
（Gramercy Park）
作为曼哈顿最后一座私人公园，必须要有钥匙才能跨越精致的格拉梅西公园的栅栏。只有附近经过挑选的几个人才有机会进入这个珍贵的小公园，其中就包括格拉梅西公园酒店的房客们。

105

■ 绿色纽约

穿过萨拉·D. 罗斯福公园，从联合广场到唐人街

联合广场有时会被列入"四大广场公园"之中，还有北边位于熨斗大厦锐角下的**麦迪逊广场花园**（Madison Square Park）、小巧精致的**格拉梅西公园**和位于东边的**施托伊弗桑特广场公园**（Stuyvesant Square）⓰，穿过东15街的三个街区：这块绿地周围全是纽约最古老的铸铁栅栏，1836年这片土地以仅……五美元的价格卖给了市政府！公园里，乔木成荫，椴树榆树繁茂，华丽的花圃里百花争艳，两座喷泉平静地并列而立，曾经在此街区生活过的古典音乐家安东尼·德沃夏克（Antonín Dvořák）的雕像也伫立在这里。

15号公交车从施托伊弗桑特广场公园出发，途径第二大道和东村，到达休斯顿街。坐落在豪华的阿瓦隆·克里斯蒂大楼（Avalon Chrystie Place）一层的**全食食品超市**（Wholes Foods

Market）⓱ 比联合广场那一家供应的商品要少，但这里有一家烹饪中心可以教授烹饪课。

从休斯顿街向南延伸，沿着克里斯蒂街（Chrystie St）便是**萨拉·D. 罗斯福公园**⓲ 一长串的儿童游乐区，里面有滑梯、骆驼和其他动物的弹簧玩具，还有配备有人造草皮的运动场和小社区花园，如此诗意的一片绿地就位于下东区、诺丽塔和唐人街嘈杂交界处的正中心。

在地兰西街（Delancey St）的左边可以瞧见威廉斯堡桥。随后在街的另一边，在众多亚洲招牌间，我们向**日昇灯饰**（Bulbs World）⓳（121 Chrystie St）致敬，因为在店里几乎可以找到全世界的灯泡。唐人街就出现在公园的南半边。

温柔路过唐人街

从南边出口离开公园，有次序地从坚尼街到鲍威里街，逆时针方向绕到曼哈顿大桥的入口。这里，摆也街（Bayard Street）和勿街（Mott Street）就位于**唐人街**的腹地：中药行、肉店、珠宝行、地下美容店都紧挨着，这里还有或许是全纽约最好的越南餐厅：**多也**（Doyer's）⓴，餐馆与其所在的多也街（Doyer St）同名。

缓缓走几步，从莫斯科街（Mosco St）通往**哥伦布公园**（Columbus Park）㉑，在这个宁静安逸的小岛上既有人打篮球又有人打太极。一些戴着鸭舌帽的老头玩着中国象棋，而老太太们则背着孙子们在街上遛弯儿。在这里会闻到比别处更大的香烟味。这座公园建于1897年，和中央公园一样，也是出自设计师卡尔弗特·沃克斯（Calvert Vaux）之手。这里是昔日的五点区（Five Points），又被称作"杀人犯巷"，居住着来自爱尔兰和中欧的家庭，这个应当清扫的街区昔日是纽约中央暴力和肮脏的污点。难以想象的是，这片小绿地曾经是纽约最大的公园之一。

行政区的心脏：市政中心和市政厅

通过窝扶街（Worth Street），到达**托马斯·潘恩公园**（Thomas Paine Park）㉒——前弗利广场（Foley Square）所在地——这里原来是旧垃圾场，如今它位于建于1920年的市政中心的正中央，新古典建筑风格的市政中心饰有三角楣和柱廊。地面上嵌着五个铜制徽章，提示着人们有关这一街区凄惨回忆的历史片段。

就在附近，埃尔克街（Elk St）和杜安街（Duane St）的交会处，厚厚的草坪围绕着**非裔公墓**（African Burial Ground）㉓，目的是为了纪念那些死后无法进入三一教堂（Trinity Church）的非洲人，从1690年到1790年，大约有一万五千多名非洲奴隶或解放的非洲人被葬在这里。

集池公园
（Collect Pond Park）
18世纪时，在现在的市政中心北边曾经有一个地下水孕育的池塘。但没过多久，这个漂亮的池塘就被附近的采石场、啤酒厂和皮革厂污染，成了露天下水道……1811年人们用旁边山丘的土将其填平。

107

■ 绿色纽约

市政厅

尽管市政厅的楼面和外墙以白色大理石为主，但是较少暴露在外的建筑背面则保留了原本的灰红色。

1991年，在一幢联邦大楼打地基时，人们重新发现了这块大型墓地。四百多具尸骸被保存在这个名为"回归之门"的圆型花岗岩纪念碑中，名字则是参考塞内加尔格雷岛（Île de Gorée）上的"不归门"，当年非洲奴隶们聚集在该岛，并经过此门被运往北美。埃尔克街禁止车辆通行，但是我们可以从这里步行到包围着纽约市政府和其附属机构的市政厅公园。

从1811年开始，法式建筑风格的**市政厅**（City Hall）㉔就是纽约市议会所在地，在那个时代，这里标志着纽约的最北边。草坪上散落着的石子使人们想起消失的建筑遗迹，比如布莱德维尔（Bridewell）的英国殖民监狱，以及附近的爱国者内森·黑尔（Nathan Hale）的雕像，1776年他被英军抓获并以间谍罪绞死，并留下了著名的遗言："我唯一遗憾的是，我只有一次生命献给我的祖国。"

飞向布鲁克林

从公园到布鲁克林大桥上，可以欣赏到曼哈顿华丽的景色。为了回到**布鲁克林富尔顿渡轮州立公园**（Empire-Fulton Ferry State Park）㉕，在沿着第一个台阶下行前往登波（Dumbo）之前，走在公园里的同时要小心骑行的人们，因为自行车道就紧挨着人行小路。公园的一个入口就位于缅街和普利茅斯街（Plymouth St）的交会处，另一个入

两轮游遍纽约城

曼哈顿林荫道在未来几年保管会发展得越来越好。在此期间，我们已经可以在长约两百多千米的专属自行车道上骑车了……几乎可以绕曼哈顿岛一圈，通过布鲁克林大桥甚至可以连到布鲁克林。在中央公园和展望公园（Prospect Park）可以享受到绝对的寂静，但是其他几个路段也值得一去，尤其是哈德逊河岸边的河滨公园（Riverside Park）。春天，公园里的樱花大道（Cherry Walk）盛开着满树的樱花。值得一提的是，人们可以把自行车带上地铁。不要忘记您的头盔，记住曼哈顿可不像它看上去那么平坦！

去哪里租自行车？

中央公园自行车游览&租赁（Central Park Bicycling Tours & Rentals）：哥伦布圆环2号（2 Columbus Circle）

高潭市自行车市区（Gotham Bikes Downtown）：位于杜安街（Duane St）和里德街（Reade St）之间的西百老汇大街112号（112 WestBroadway）

曼哈顿自行车（Manhattan Bicycle）：52街和53街之间，第九大道791号（791 9th Ave）

第六大道自行车（Sixth Avenue Bicycles）：第六大道545号（545 6th Ave）

托加自行车商店（Toga Bike Shop）：64街和65街之间，西端大道110号（110 West End Avenue）

狄克逊自行车商店（Dixon's Bicycle Shop）：第5街和第六大道之间（公园坡，Park Slope），联邦街792号（792 Union St）

回收一个自行车（Recycle-a-bicycle）：华盛顿街55号（55 Washington St, Dumbo）

口则在码头街（Dock St）和水街（Water St）的交会处。这个绝佳景点与河面齐平，坐拥曼哈顿的华丽景色，在布鲁克林大桥建成之前，轮渡都停靠在这里。海风习习，水声簌簌，面对动荡喧嚣的曼哈顿，这个平静安逸的绿色角落真是一股清流。节奏缓慢，远离交通噪音，宁静占据了这里——只有时不时通过布鲁克林大桥的高空地铁发出的轰隆声会打破这份安逸。值得花上几个小时来品尝这份宁静，尤其是在黄昏的时候。

绿色纽约

中央公园：吸气、野餐、呼气！

一次景点参观并不足够！**中央公园**应该被看作是城市中心的一系列自然主义画作，它罗列了太多人类想象出来的景色和建筑……或者说是某一些人的想象；两个大自然爱好者：记者弗雷德里克·劳·奥姆斯特德（Frederick Law Olmsted）和景观建筑师卡尔弗特·沃克斯。他们的规划于 1857 年投票通过，在大约二十年间，两万名工人把旧的沼泽泥塘变成了 34 公顷的绿色长方形，长五十个街区，宽三个街区。

自其建成伊始，中央公园就得到了一致好评，它的田园小径上混杂着纽约人的同时也吸引着游客们。中央公园被一个巨大的深蓝色"水池"分成两部分，难以想象没有这座公园的纽约会是什么样。北边十分荒芜，尤其是周末的时候更加安静。但是在南边我们可以找到大部分的景点和娱乐活动。

从东南角出发，在谢尔曼将军镀金雕像后面，**东车道**（East Drive）沿着名字就叫"池塘"（The Pond）的小池塘延伸，池塘后面则是**沃尔曼溜冰场**（Wollman Rink），这里从十一月开放至次年三月。右边马上将出现**中央公园野生动物园**（Central Park Wildlife Center），寄宿在里面的动物就和隔壁的儿童动物园（Children's Zoo）里的一样，非常讨孩子们的欢心。

在向公园内部前进的同时，我们将到达**绵羊草原**（Sheep Meadow），衬着远方的高楼大厦，这里和画面背景上的纽约天际线形成鲜明对比，或者取道"The Mall"，一些几百年树龄的榆树构成了这条壮丽的林荫大道。这条大道通向一个壳型户外剧场**瑙姆堡贝壳剧场**（Naumburg Bandshell），离**拉姆齐球场**（Rumsey Playfield）非常近，每年夏天，中央公园夏季音乐节都会在这里举办大型免费音乐会。**湖**边，精致的水中天使则把她的宁静和泰然送给**毕士达喷泉**（Fountain Bethesda）。小孩子——和大一点的孩子——将会往东走，到达**保护水域池塘**（Conservatory Pond），通常称其为"船型池塘"（Boat Pond）。爱丽丝梦游仙境和安徒生的雕像守护着这个每周六都会举办迷你模型船竞赛的小池塘……在**克雷布斯纪念船坞**（Krebs Memorial Boathouse）前就可以租到小船。

在毕士达喷泉西边，有一条通向连接着湖两岸的吊桥——**弓桥**（Bow Bridge）的小路。另一边，森林密布的**漫步区**（Ramble）吸引着各种鸟类和鸟类学家。一直向北走就是**眺望台城堡**（Belvedere Castle），这个滑稽的中世纪仿制品也是纽约的气象观察中心。从这里还可以眺望**戴拉寇克剧院**（Delacorte Theater）壮丽的景色，天气晴朗时，这个露天剧院还会免费上演莎士比亚戏剧。

从东面绕过**乌龟池塘**（Turtle Pond），将会到达野餐和休憩的理想胜地——**大草坪**（Great Lawn）。西边：**美国自然历史博物馆**（American Museum of Natural History）及其天文馆；东边：**大都会艺术博物馆**（Metropolitan Museum of Art）；北边：草坪和湖水，以及惠灵顿公爵弹钢琴的雕像，周围被缪斯女神环绕。祝大家散步愉快！

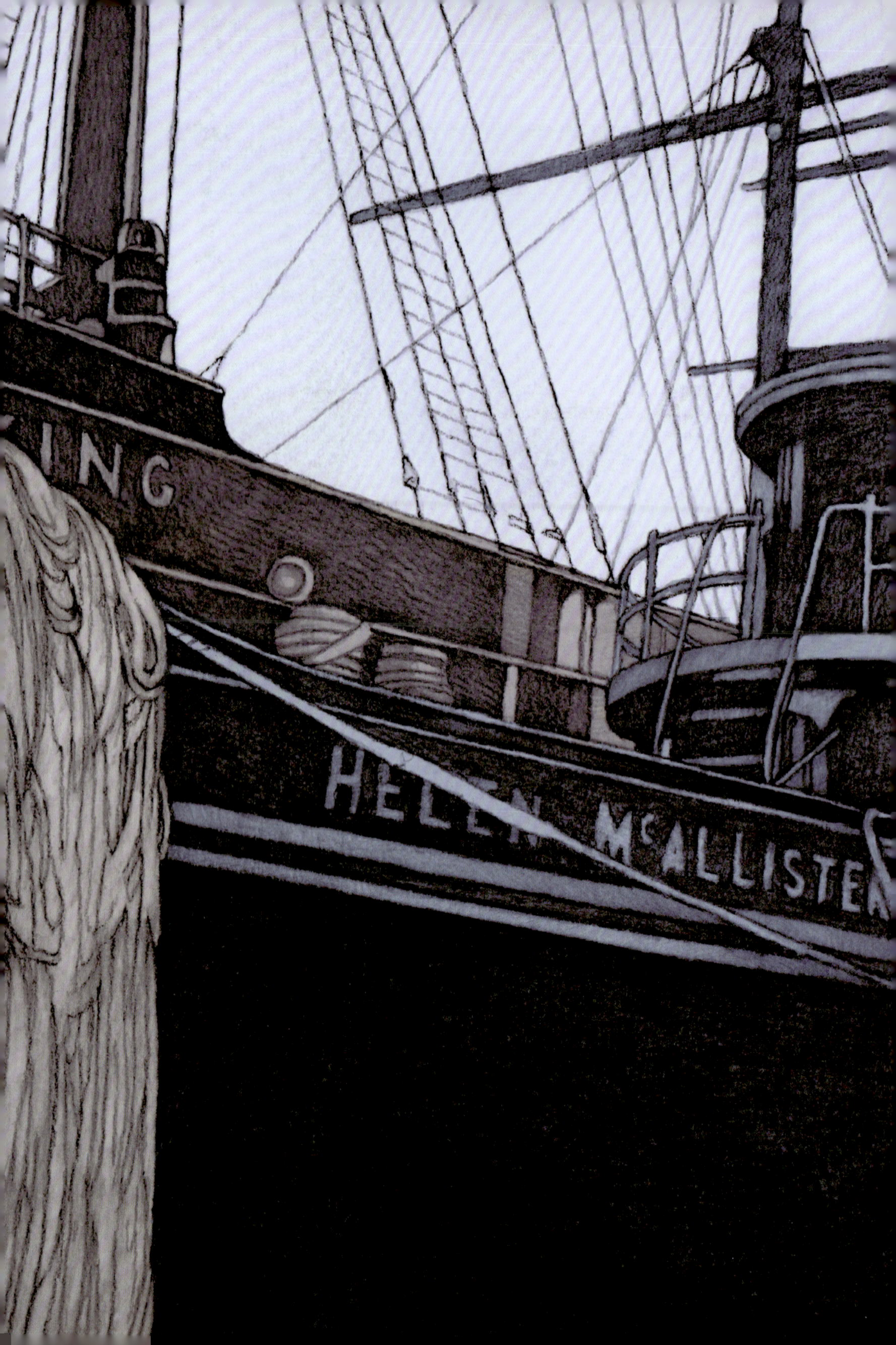
ING
HELEN McALLISTER

此岸到彼岸

从哈德逊河到东河

路线

USS Intrepid
1
起点
Pier 83
Pier 81
Tunnel Lincoln
Twelfth Ave (West Side Hwy)
2
Jacob Javits Convention Center
Highline
TIMES SQUARE
Times Square 42nd St
42nd St
Gare routière de Port Authority
42nd St-Bryant Park
Fifth Ave
Grand Central Terminal
Grand Central-42nd St
Nations-Unies
Tunnel Queens-Midtown
LONG ISLAND CITY
GARMENT DISTRICT
34th St-Penn Station
34th St-Herald Sq
Empire State Building
33rd St
Poste centrale
Madison Square Garden
Penn Station
LITTLE KOREA
28th St
CHELSEA
FLATIRON DISTRICT
23rd St
GRAMERCY PARK
STUYVESANT TOWN
East River
Chelsea Piers
3
4
IAC Building
Pier 59
18th St
8th Ave-14th St
14th St
6th Ave-14th St
UNION SQUARE
Union Sq
14th St-Union Sq
Third Ave
First Ave
Spice Market
Standard Hotel
5
MEATPACKING DISTRICT
Gansevoort St
Christopher St-Sheridan Sq
WEST VILLAGE
W 4th St
Washington Sq Park
New York University
8th St-NYU
Astor Pl
EAST VILLAGE
ALPHABET CITY
NOHO
Immeuble italo-mauresque
Hudson
GREENWICH VILLAGE
Bleecker St
Broadway-Lafayette St
E Houston St
Lower East Side-Second Ave
W Houston St
Houston St
SOHO
Prince St
NOLITA
Delancey St-Essex St
Spring St
Pier 40
West St (West Side Hwy)
Bowery
Grand St
LOWER EAST SIDE
LITTLE ITALY
Canal St
Holland Tunnel
Hudson Sq
East Broadway
Franklin St
CHINATOWN
Columbus Park
Confucius Plaza
Rutgers Park
FDR Dr
Federal Plaza
Battery Park City
6
TRIBECA
Chambers St
City Hall
Chambers St/Brooklyn Bridge-City Hall
Park Pl
TWO BRIDGES
Pont de Manhattan
VINEGAR HILL
NEW YORK
NEW JERSEY
Irish Hunger Memorial
7
World Financial Center
Site du World Trade Center
Broadway-Nassau St
Fulton St
LOWER MANHATTAN
Pont de Brooklyn
York St
DUMBO
JERSEY CITY
North Cove
South Street Seaport
10
Pier 17 et 18
11
Peking
Pier 16
Pier 15
Pier 14
12
Pier 13
High St
8
New York Police Memorial
Rector St
Wall St
FINANCIAL DISTRICT
Pier 11
Pier 7
Pier 6
Clark St
BROOKLYN HEIGHTS
South Cove
Bowling Green
New York Unearthed
Whitehall St
Robert F Wagner Jr Park
9
Battery Park
Pier A
Castle Clinton
South Ferry
Vers Red Hook (4 km)
0
1 km
红构区
Red Hook Park
Pier 41
Sunny's
14
Arrêt de bus
Fairways
13
IKEA
终点
Red Hook Recreational Area
Suite
0
500 m

出发：46 街的 86 号码头（Pier 86）

到达：红钩区（Red Hook）

实用贴士：成人一日水上巴士的价格是 20 美元。但是，要知道从南街海港（South Street Seaport）乘坐全年通航的免费的宜家轮渡快线（IKEA Express），也可以把您送到红钩区。

此岸到彼岸

从哈德逊河到东河

尽管人们有时会忘记，但曼哈顿确实是个岛屿。正如布鲁克林一样，皇后区占据了隔壁长岛市的西部。浸润在哈德逊河、东河以及一个开阔宽敞的海湾中，从高空俯瞰，纽约就像是一块四面被水环绕的大地拼图。此外，那些最大的跨大西洋游轮长时间停靠在这座因海洋而生、靠海洋而发展的城市的码头。然而，最后纽约还是抛弃了海洋，转身离开。闲置的河堤、休眠的码头、奄奄一息的海运交通都预示着纽约最糟糕的命运。幸好几年前，纽约又重新重视起沿海地带，修缮河堤，沿哈德逊河规划出绿化带和密集的娱乐区以及狗狗公园，整修旧码头，治理旧仓库和自行车道……成果：出现了生机勃勃的步道和壮丽的全景景观，而为了让漫步时间再延长些，水上巴士几分钟之内就能从此岸到达彼岸。

东河的另一边，布鲁克林重整了其海滨地带，之前码头工人们的老窝变成了令游客神往的地方。再远些，绵长的金色沙滩和一堆没新意的娱乐设施之间，著名的康尼岛木栈道一直都散发着古雅的魅力。然而在几百米之外，一些金色海湾也是游泳者和冲浪爱好者的好去处……

❶ "勇猛"号航空母舰
❷ 雅各布·贾维茨会展中心
❸ 切尔西码头
❹ IAC 总部大楼
❺ 标准酒店
❻ 炮台公园区
❼ 爱尔兰饥饿纪念碑
❽ 纽约警察纪念碑
❾ 克林顿城堡
❿ 南街海港
⓫ "北京"号
⓬ 13 号码头
⓭ 费尔韦斯
⓮ "桑尼"

一个个哈德逊河码头

绝对不能错过**"勇猛"号航空母舰**（USS Intrepid）❶：停泊在46街的86号码头上，灰色的侧翼横跨哈德逊河岸！它参加过第二次世界大战和越南战争，甚至还参与过回收太空舱的任务。如今，"勇猛"号被改造成博物馆，让战争迷和太空迷们激动得流连忘返：战斗机、直升机、坦克、鱼雷艇……以及一些做成勋章、证书、制服形状的纪念品。旁边的"黑鲈"号（USS Growler）则号称是全世界唯一一艘全年向公众开放的可发射鱼雷的潜艇。

向南走，河边人行道在码头和第12大道之间越来越明显。左边，成群的海鸥从**雅各布·贾维茨会展中心**（Jacob Javits Convention Center）❷上方飞过，西边喧闹的城市景色留下美丽的缝隙，视线可落在中城的心脏——帝国大厦上。突然，在与34街齐平处**高线公园**（Highline）露出了它的金属腰带。建成于2009年，继巴黎的步道之后，这条废弃的铁路线成为世界上第二条绿色空中步道。蜿蜒曲折的铁路直通南边拥有二十个街区、新潮活跃的肉库区，还通过切尔西艺术区，这里画廊、停车场和仓库相互混杂。哈德逊河边是一个接一个的码头。几平方厘米的沙子有时会出现在两个河堤间——但绝不会掉进水里！30街附近，高高的栅栏隐藏着直升机停机坪，从这里起飞可以从高空欣赏这座大苹果城……费用高昂，飞得也相当快。地面上，野餐区的当代雕塑点缀着29街的步道。然后到达**切尔西码头**（Chelsea Piers）❸，在横跨大西洋贸易盛行的航海时代，许多大型轮船都停靠在这个纽约港口。1910年建成以来，它经历过辉煌和低谷。在1912年4月，"泰坦尼克号"的乘客本应在59号码头登陆。他们的家人为了获得亲属们的最新消息和等待负责营救的"卡帕提亚"号（Carpathia），也来到了这里。

如今，59号到62号码头之间建起了一个大型的娱乐休闲综合体（12公顷），配有高尔夫球场、篮球场、棒球场、网球场、攀岩场地、游泳池、日光浴场和健身中心……所有地方都可以欣赏到哈德逊河的景色。高速公路的另一边，就是壮观的半透明的因特网巨头**IAC总部大楼**（IAC Building）❹，大楼由弗兰克·盖里设计完成，仿佛一座冰山。是机缘巧合吗？1915年，"卢西塔尼亚"号（Lusitania）就是从54号码头起航，在爱尔兰外海被德国潜艇发射的鱼雷击沉。

地狱厨房

哈德逊河边第八大道上，从34街到59街是所谓"地狱厨房"，这个地方借《西区故事》（West Side Story）而名声大噪。这里长期以来都是个暴力犯罪不断、交通事故频发的悲惨社区，而今，这里变得友好而充满活力，有很多餐馆。

哈德逊河公园

现在只剩下一面生了锈的大门代表着入口，以及一个光秃秃的水泥平台留在水面上。所有的港口活动都于1967年停止。我们还会在周围见到一些冒出头的木桩，它们都是另一个时代的遗迹，有时被重新塑造成动物的形象。

肉库区和翠贝卡

一直向南便是**哈德逊河公园**（Hudson River Park），仿佛一条长达8千米的绿色地毯在59街和炮台广场（Battery Pl）之间延伸，自行车、慢跑者、轮滑和带狗或不带狗的行人，都并排走在一起。公园的第一部分十年前就建成了，如今正在进行最新的整修。最初设计它的目的就是为了给纽约一个名副其实的海滨地带。文体设施也层出不穷，比如狗狗公园以及带有草坪和步道的河堤。细节很重要：公共厕所也无可挑剔，即使是男士厕所里也配有——大大的惊喜——换尿布的桌子！

117

在小西 12 街那边，出现一栋勒·柯布西耶风格的建筑，仿佛一本打开的大书。这就是由酒店业巨头安德烈·巴拉斯（André Balazs）设想的**标准酒店**（Standard Hotel）❺。这栋既时髦又可爱的建筑建在细细的水泥柱之上，完全跨越高线公园，俯瞰整个**肉库区**。这里有非常合"欲望都市"那类人胃口的香料店（403 W 13th St），由米其林三星大厨让·乔治（Jean Georges）一手打造，买靴子可以到鸢尾花精品店（Iris, 827 Washington St）以及价格非常昂贵的设计师橱窗店。就在甘斯沃尔特街前面，血红色的肉类市场里几家批发商还在做生意。

水边的植被越来越多，幸运地与人流涌动的西街相隔开来。一栋以意大利-摩尔人为灵感的怪异红色建筑主导着西 11 街附近的街区。随后，我们将悄悄地离开肉库区，经过克利斯朵夫街（Christopher St）和西村前往翠贝卡。休斯顿西街街口对面就是 40 号码头，原来这里巨大的停车场中心变成了绿色的运动场。之后，我们浑然不觉地经过潜伏在哈德逊河下长 28 米的荷兰隧道：这里只有一个 H 型的奇特建筑物标志着隧道的位置，内部强大的通风系统配有一个直径 24 米的风扇！

在对面河岸，荷兰隧道的双胞胎兄弟则注视着新泽西耀眼的天际线，右边硕大的字母拼成的名字，宛如印第安人战争中的呐喊声在风中飘扬：拉克万纳（Lachawanna），这便是新泽西小城霍博肯（Hoboken）海港火车站的名字。

沿着炮台公园城市漫步

距离这里小 1 千米，通过哈里森大街，紧紧沿着河边走，然后右转就到了**炮台公园区**（Battery Park City）❻。20 世纪 70 年代，由于用世贸中心工地运来的数十万立方米沙土填充，这一哈德逊河上的区域变成了坚实的土地。如今这块填出来的土地成了漂亮的街区，里面高楼林立，线条柔和，高耸入云，这样才能坐拥不被其他建筑物挡住的视野。

面朝哈德逊河，海风拂面，脑袋里胡思乱想的同时，目光搜寻着自由女神像。另一边孩子们则在青铜动物雕塑间玩耍，雕塑家汤姆·奥图尼斯（Tom Otterness）制作并把它们摆放在这里，还有一些弹球迷们在露天比赛。

维塞街（Vesey St）入口处矗立着**爱尔兰饥饿纪念碑**（Irish Hunger Memorial）❼，它是为了纪念因大饥荒而饿死的成千上万的爱尔兰人，正是因此，上百万爱尔兰人来到了美国这个新世界。

组成这一小块凯尔特风景的石头、泥土和植被都是从爱尔兰进口的。随后我们沿着世贸中心的背面一直走到**北海湾**（North Cove），这个小海湾停靠着灯塔船"南塔克特号"（Nantucket），全红色的老灯塔船如今变成了专门举办私人派对的豪华游艇。被称作"北大西洋守护天使"的"南塔克特号"建于1950年，是最后一艘能在马萨诸塞州暗潮汹涌的南塔克特湾中辨认方向的灯塔船。**水上巴士**就停靠在这里，这些船身饰有黄色方格的小船在曼哈顿附近的海域航行。再远些，航道上的两大明星"弗兰克·辛纳屈号"和"克里斯托弗·哥伦布号"，在哈德逊河和东河上履行着两个小时一趟的巡航任务。

海湾的东南角矗立着**纽约警察纪念碑**（New York Police Memorial）❽，这座高大的石碑旨在纪念双子塔倒塌时逝去的警察们。几步远，漂亮的红色小船在**南海湾**（South Cove）中摇摇晃晃，蓝色灯笼装饰着这个港口。修剪整齐的绿地：**罗伯特·F. 瓦格纳公园**（Robert F.Wagner Park）直通 A 码头（Pier A），这个位于下西区防波堤末端的码头正在苦苦挣扎。其建筑呈白绿色，钟楼从1919年开始就挂着巨大的时钟，正绝望地等待整修和复原。之后它将摇身变成一个大型商业中心。

曼哈顿最南端

稍远些，成群结队的游客们挤在去往斯塔滕岛、爱丽丝岛和自由岛的轮渡入口处。左边是圆形砂岩要塞**克林顿城堡**（Castle Clinton）❾，"保护纽约城，对抗英国海军"已不再是它的使命。

水上巴士

绕曼哈顿航行最有意思的航线经过以下景色：西44街、西27街、克利斯朵夫街、世界金融中心、炮台公园、南街海港、富尔顿渡口（登波）、猎人角和东34街。成人"一日通行券"的价格为20美元。

■ 此岸到彼岸

自由岛

为了去往自由岛的路途不变成一场噩梦，最好提前在网上订票，推荐最早或者最晚的一班船。还有就是位于新泽西自由州立公园（Liberty State Park）的码头并不像炮台公园的那样拥挤。

在接二连三地迎接了剧院、移民管理中心——驻扎在爱丽丝岛之前——和纽约海洋馆后，如今这里单纯地面向军事历史建筑迷们开放。**炮台公园里充斥着纪念碑：希望花园**（Hope Garden）里献给艾滋病患者的玫瑰花；破败不堪的**和平球体**（Peace Sphere）——原来位于世贸中心双子塔正中间，在"9·11"恐怖袭击中被破坏，是恐怖主义残忍暴力的见证；**纽约朝鲜战争纪念碑**（New York Korean War Memorial）的石质扉页上雕刻着一连串在战争中阵亡的士兵名字……远处的雄鹰唤起关于二战的记忆，对美国来说，是从1941年到1945年。

在售卖T恤的小贩和糖果商之间，我们穿过公园去往位于州街17号（17 State St）的闪闪发光的凸面建筑，里面的一层是**纽约地底博物馆**（New York Unearthed）。麻雀虽小，五脏俱全，这个小型考古博物馆里应有尽有，主要收藏19世纪文物，都是在各街区改造开发时被发现的。

120

爱丽丝岛，新世界的大门

1892年至1954年间，有1200万移民从此岛进入美国。移民博物馆（免费开放；轮渡价格：成人12美元/老年人10美元/儿童5美元；轮渡时间：9点半至下午3点，公园开放至下午5点）可以让您简单了解、体验旧大陆移民者的生活，赤贫和屠杀迫使他们钻进了横跨大西洋邮轮的下层甲板。到达美国后，一家人就被分开：男人在一边，女人和小孩在另一边。手续办理通常只持续几个小时，只有病人和罪犯无法跨进新世界的大门。大部分人——其中有许多单身汉作为先遣队来到这里碰运气——都怀揣着美国梦，口袋里往往只有几美元，有的人有着拗口的姓氏。这里的展览、参观、语音导览都是移民者的亲身经历，还有免费放映和每天上演五次的戏剧《拥抱自由》（*Embracing Freedom*）。

沿着东河北上

荒凉的沿海南街（South St）只留下一条狭窄的人行道，为了避免沿着这里走，最好从水街北上，朝着华尔街的高楼大厦走去，之后到达富尔顿街（Fulton St）。到了富尔顿街附近后，参观**南街海港**（South Street Seaport）❿请向右转，由四条人行道组成的正方形小广场使人们感受到这里昔日的港口氛围。尽管原来的鱼市搬到了布朗克斯，我们依旧能感受到桅樯的海风，无法忘怀这座由大海孕育的城市的海洋史。从海港出来走到17号码头（Pier 17）附近，有一个三层的大型商业中心，一些餐厅可以欣赏到正对面布鲁克林的景色，而左边就是著名的布鲁克林大桥。这里十分宜人——尽管旅游氛围浓厚——同样停泊着六七艘古船，其中包括传奇的"北京"号（Peking）⓫，1996年起对公众开放。

东河的彼岸：红钩

向南折回，前往13号码头（Pier 13）⓬，继续我们的海滨散步。从下午1点开始，前往红钩的水上巴士每20分钟出发一班，蓝色的巨大宜家商场从2007年开始入驻这里。即使你既不想买毕利书架，也不想要博多床，这艘黄色小船也是跨越海湾，前往晚上才开始苏醒的街区的最佳方式。水上巴士取道黄油牛奶水道（Buttermilk Channel）。左舷：后工业化风景和布鲁克林普通的码头。右舷：葱郁宁静的总督岛，岛上有两座漂亮的堡垒。

北京号

1911年在德国汉堡下水，装载着硝酸盐和谷物的北京号，途径可怕的合恩角，往返于欧洲和智利之间。它是有史以来建造的最大帆船之一，长115米，巨大的船桅高如18层楼房。

■ 此岸到彼岸

经过不到半小时的"巡航"，我们停靠在**红钩**（Red Hook），昔日生机勃勃的港口如今变得死气沉沉。据说布鲁克林最后一批码头工人还住在这里。宜家商场标志着海滨步道的起点，从轮渡下来后沿着左边走。这里没有沙滩，但是有高大的起重机，一些土地不久将不再荒凉，超棒的仓库们正逐步被改造成画廊。应该说，许多嗅觉灵敏、眼光独到的艺术家们，早就占领了这片宽敞宁静的区域。

彩色的二层小木屋沿街整齐排列，范戴克街（Van Dyke St）上有几家供应早午餐的酒吧和绿色有机餐厅，它们带动着这一区垂死挣扎的商业。离这里不远，海的正对面，范·布伦特街（Van Brunt St）480号是连锁超市**费尔韦斯**（Fairway）❸最大的商店之一。里面的商品丰富多样，有时还能买到有机产品。我们甚至还可以在这里吃午餐，餐厅提供露天座位。两步远，就是适合社交的后垮掉一代酒吧**"桑尼"**（Sunny's）❹（253 Conover St），在里面可以一边改造世界，一边喝啤酒直到凌晨4点。天朗气清的时候，范·布伦特街上的一家旧货商为了方便路人闲聊，会在店门口摆出一张桌子和两把椅子。感觉离曼哈顿很远了……为了回到曼哈顿，重新回到喧嚣和躁动中，需要登上开往布鲁克林市区的61号公交车，或者搭乘反方向的轮渡。但是离码头两步远的地方，一块牌子上指示——距离康尼岛：11.4英里。这太吸引人了……

史密斯地铁站和9街

为了重新回到F线上，向康尼岛进发，请沿着红钩游乐场走，经过贝街（Bay St）然后左转进入史密斯街，从郭瓦纳斯高速公路下走过，直到西9街。轻轨站就在远处。

在纽约，去哪里游泳呢？

六月的纽约，烈日炎炎，骄阳似火，温度有时高达40摄氏度。商店、餐厅和博物馆都通过空调等人工制冷确保清凉，但是没有什么能比去海边以逃避城市闷热更好的办法了。以下是几个推荐场所。

布莱顿海滩（Brighton Beach）**和康尼岛**——最近也是最方便去的海滩（地铁B线和F线）。这里人声鼎沸，还有热狗、木栈道、有趣或无聊的游乐设施。清洁度不见得无可挑剔，但是魅力……倒是独一无二。

雅各布·里斯公园（Jacob Riis Park）**海滩和洛克威**（The Rockaways）**海滩**——理论上位于皇后区，但是离布鲁克林很近，乘坐地铁A线、2号线或5号线（如果选择最后两条线，还需要转Q35路公交车）便可到达这片带状白色沙滩。一些冲浪者则在洛克威冲浪。

汉普顿（The Hamptons）**和避风岛**（Shelter Island）——长岛东边的沙滩周围设施完善，一群时尚潮人们经常光顾附近的天价商店和时髦餐厅。这里不乏一些宁静的角落，特别是南安普顿东边的避风岛上，从北海文镇（North Haven）乘坐南边轮渡可以到达。至于那些不喜欢坐轮渡的人，可以在宾夕法尼亚站乘坐开往长岛市的火车LIRR或者搭乘汉普顿的小公车（东城有许多车站）。

沙钩（Sandy Hook）——位于新泽西海岸，这个又长又尖的沙滩上有一个自然公园和许多纽约最古老的灯塔。沙滩长4千米，其中1千米专属于同性恋者，还有1千米则留给了自然主义者。许多自行车道在沙丘中蜿蜒展开。从华尔街旁第11号码头乘坐SeaStreak轮渡，不到45分钟便可到达。

■ 此岸到彼岸

游戏康尼岛

既流行又过时的独特风格，再加上一丝丝的海滨诗意，康尼岛毋庸置疑是纽约最值得一去的海滩。长长的带状金色沙滩在广阔无垠的天际下延伸，直至布鲁克林最南端。碧波荡漾，海风习习，自从20世纪第一波热潮掀起后，成千上万的曼哈顿人蜂拥而至。先是坐电车，后来是地铁；康尼岛已经变成了半岛，而使其得名的兔子很早就已经灭绝。经年累月，海岸边的豪华酒店、温泉、马术场和游乐场愈发繁荣。某位叫作**纳森**（Nathan）的波兰移民——招牌一直都在——在这里发明了"热狗"，直到1964年，人们还在这里进行机械马的赌博！岛上**越野障碍赛马乐园**（Steeplechase Park）关闭后，2001年，人们在原址上建起了布鲁克林旋风（Brooklyn Cyclones）棒球体育场，这里也承办国际级艺术家的演出：冰岛艺术家比约克（Björk）、法国乐队"傻朋克"（Daft Punk）还有美国"白色条纹"乐队（The White Stripes）等。不远处是康尼岛标识性的建筑物"降落跳"（Parachute Jump），不时有人从高高的金属花朵上往下跳，唤起了这片沙滩无忧无虑的疯狂年代的回忆：比如老旧的摩天轮和建于1927年的危险的俄罗斯过山车！

二战后，康尼岛经历了它的黄金时代，城里的人们在这个带状海岛上玩耍，之后随着许多娱乐设施的关闭和武装黑帮的出现，这里逐渐没落。但是自从20世纪80年代起，康尼岛重整旗鼓，容光焕发，但也没有丢失其在《安妮·霍尔》和《天使之心》（Angel Heart）中的特殊气质。如今这里仍吸引着众多的摄影师和导演。木板海滨人行道、塑料棕榈树、冰品、油腻肮脏的纸张、气球、汉堡还有防晒霜……

尽管不如汉普顿沙滩精美，不如沙钩炫酷，纽约人仍然乐于去往这片海滩，参观纽约海洋馆，来场清新的有氧大餐，或者去詹姆斯·格雷拍摄过的著名餐厅沃尔纳（Chez Volna）吃个午餐，菜单都是用西里尔字母写的。

欢迎来到**小奥德萨！布莱顿海滩**淡季时，尤其在天气晴朗的冬天，年轻白皙的女孩们——带着来自北方的眼神和糖果粉色的运动鞋——推着儿童车。就像她们站在黑海边上的母亲一样，圆圆的脸蛋，一只手扶着灌满风的帽兜……与此同时，第一代移民小老头们在他们楼下玩着象棋，被风吹起的沙子轻轻抚摸着居民楼。

冬天，每逢周末还有1月1日下午1点，**北极熊俱乐部**的成员们会准时跳进大西洋冰冷的海水中。夏季"美人鱼大游行"时，海神尼普顿、美人鱼和其他海洋生物会在所有街区游行。天边，**洛克威**岬角温柔地给这片海滨画上句号。而喧闹的曼哈顿在遥远的地方嗡嗡作响。

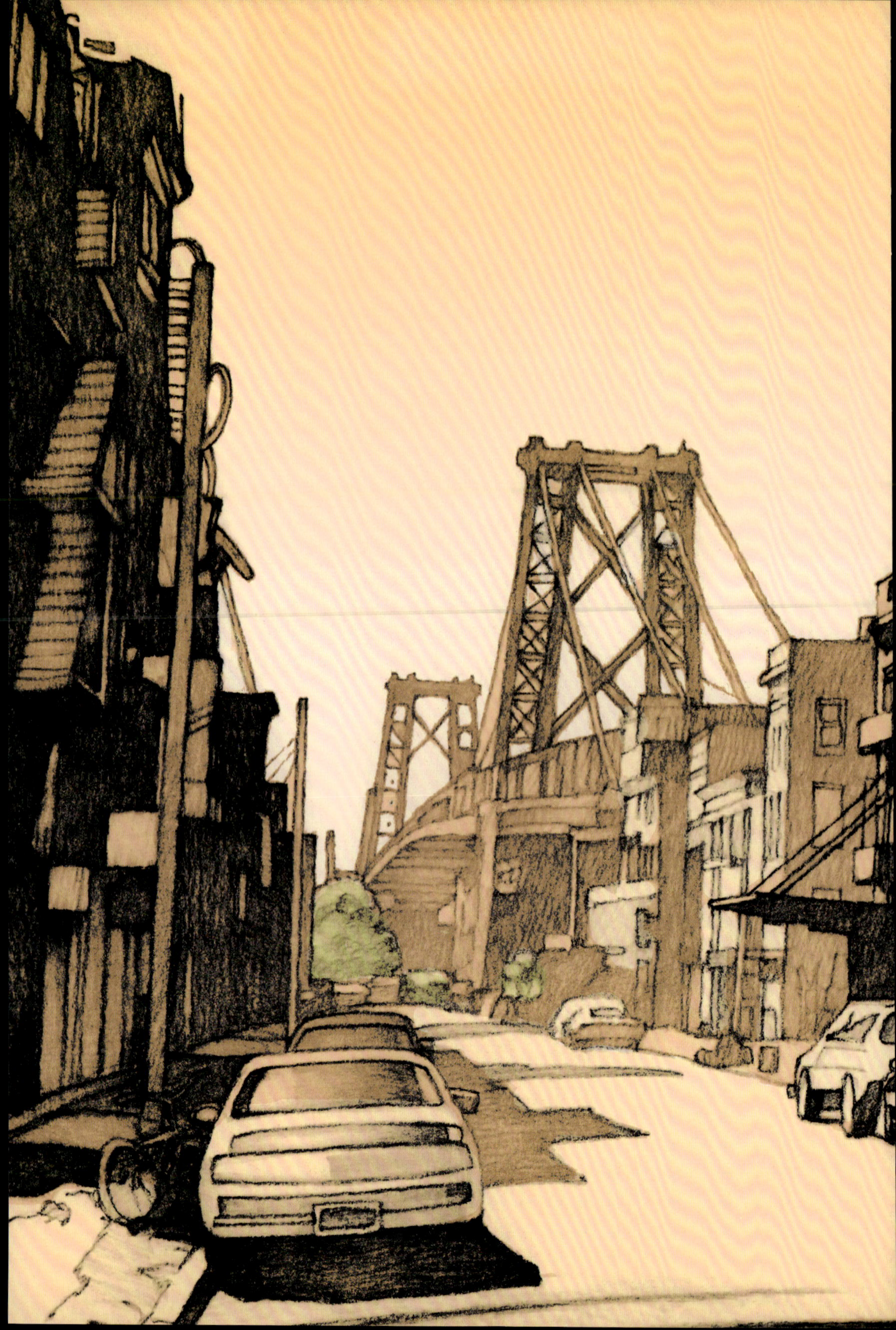

乘公交车探寻布鲁克林

时尚之旅

路线

公交车观光路线

BROOKLYN HEIGHTS
14. Plymouth Church of the Pilgrims
16. Leverich Towers
17. Brooklyn Heights Promenade
18. Herman Behr Mansion
19. Unitarian Church
20. Brooklyn Historical Society
21. Heights Café
22. Teresa's
23. Notre-Dame du Liban
24. Perelandra

WILLIAMSBURG
28. Relish
29. Public Assembly
30. Music Hall of Williamsburg
31. "5 in 1"
32. Fresh Kills
33. Teddy's Bar Grill
34. Brooklyn Ale House
35. Brooklyn Brewery
36. Beacon's Closet
37. KCDC
38. Soundfix
39. Brooklyn General Barber Emporium
40. Armée du Salut
41. Galerie marchande
42. Pierogi
43. Junk
44. Église orthodoxe de la Transfiguration
45. Pete's Candy Store
46. Union Pool
47. Barcade
48. Alligator Lounge

出发：大军队广场地铁站（Grand Army Plaza）
到达：洛瑞莫街地铁站（Lorimer St）
实用贴士：整条路线共需两天，为了更好地享受威廉斯堡日落后的勃勃生机，可以在布鲁克林住上一晚。公交 71、75 和 61 号线贯穿整个行程，尤其在精疲力竭时，搭乘公交车非常方便。

公交车上探寻布鲁克林

时尚之旅

布鲁克林是纽约最新的时尚特区！然而就在十年前，游客和曼哈顿当地人很少涉足这片土地，如今的布鲁克林吸引着纽约所有新潮时髦和新奇有趣的东西，享乐主义者和游客们更是络绎不绝。一些人拥向等待整修的漂亮砂岩屋，有时还配有宜人的花园；另一些人则奔向酒吧、餐厅和其他流行的艺术景点。这是理所当然的。作为大苹果城最大也是人口最多的地区，布鲁克林吸引人的地方不胜枚举。拥有榆树的中央公园令人心生羡慕，可与布鲁克林的展望公园一比，也要逊色一大截，还有被列入历史街区的布鲁克林高地和修整完善的海滨大道，绿树成荫的街道上不乏一些值得去的好地方：绿色有机的小摊、演出场所、跳蚤市场和一些复古二手店……一切都沉浸在这里宁静、友好而略微脱离现实的气氛中，布鲁克林为此感到十分骄傲；再加上离曼哈顿只有一步之遥。纽约最好的音乐剧舞台就驻扎在这里。活跃变化着的布鲁克林也难逃"中产阶级化"的命运，这的确保证了行人们的宁静安逸，但也把收入微薄的人和波希米亚艺术家们越赶越远。因此要伺机而动，因为今天新潮时髦的街区也许明天就变成了资产阶级贫民窟。因此，即便是了解热情友好的威廉斯堡的行家们，也开始抱怨绿点区（Greenpoint）和布什威克艺术村（Bushwick）越来越"荒凉"的街道。

① 士兵与水手纪念碑
② 叶子 & 豆子杂货店
③ 玫瑰水餐厅
④ 公园坡食品合作社
⑤ "布鲁克林工业"
⑥ "培根衣橱"
⑦ 阿迪拉
⑧ "蓝色丝带"
⑨ 精益求精酒吧
⑩ 金杰酒吧
⑪ 圣玛丽海星教堂
⑫ 卡罗尔公园
⑬ 24 号
⑭ 普利茅斯清教徒教堂
⑮ 70 号
⑯ 莱弗里奇塔
⑰ 布鲁克林高地步道
⑱ 赫曼·贝尔豪宅
⑲ 唯一神教堂
⑳ 布鲁克林历史协会
㉑ 高地咖啡馆
㉒ "特雷莎"
㉓ 黎巴嫩圣母大教堂
㉔ "太白金星"
㉕ 威廉斯堡艺术历史中心
㉖ 大轮渡公园
㉗ 西韦伦音乐咖啡馆
㉘ "好滋味"餐厅
㉙ 公共集会
㉚ 威廉斯堡音乐厅
㉛ "五合一"
㉜ 50 号
㉝ 泰迪烧烤吧
㉞ 布鲁克林麦芽啤酒屋
㉟ 布鲁克林啤酒厂
㊱ 培根衣橱
㊲ KCDC
㊳ 声音修复
㊴ 布鲁克林大众理发商场
㊵ 救世军
㊶ 购物中心
㊷ 佩罗齐画廊
㊸ "破烂"
㊹ 东正教基督变容大教堂
㊺ 皮特糖果店
㊻ 联合台球厅
㊼ 卡德游戏厅
㊽ 鳄鱼酒吧

■ 公交车探寻布鲁克林

✝ 公园坡，"生态酷"

为什么不从大口呼吸清新空气开始我们的旅程呢？从大军队广场地铁站（2号和3号线）出来，先"撞上"**士兵与水手纪念碑**（Soldiers' and Sailors' Monument）❶，凯旋门上的四马两轮战车旨在庆祝北方的联邦军——大军队——战胜南方的邦联。但在纪念碑正后方，便是一览无余的展望公园，相比之下中央公园也相形见绌，甚至就连两个绿色空间的设计者雷德里克·劳·奥姆斯特德和卡尔弗特·沃克斯也承认这一点。在公园里进行完绿色有氧散步后，重新回到广场，南下至优雅的联邦街（Union St），这里的缓坡直通**公园坡**（Park Slope）的中心。这片绿色住宅区又名"布鲁克林的黄金海岸"，20世纪60年代，许多纽约的高级干部们寻找土地、清新的空气和优美廉价的褐石屋，从而来到这里。如今，公园坡居住着一大批三四十岁、半优雅半布波，带着孩子的人。此外，全纽约都公然嘲笑这里人行道上众多的儿童车。在这个安静的世外桃源里，很容易找到各种商店，从最高级到最普通的书店、餐厅，但还有一些让这里变得魅力十足、呈现"生态酷"色彩的地方：第七大道和1街交会处的**跳蚤市场**、主要贩卖咖啡和茶的精致的**叶子 & 豆子杂货店**（Leaf & Bean）❷（83 7th Ave）、**玫瑰水餐厅**（Rose Water）❸（787 Union St）富有创意的菜单，尤其在产品丰富的**公园坡食品合作社**（Park Slope Food Coop）❹（782 Union St）超市里，只要花上点时间，几乎可以找到所有你想要的东西。

展望公园 东边

三个文化景点组成了展望公园三角地带的三个顶点：布鲁克林植物园（Brooklyn Botanic Garden）主题花园、宏伟安静的布鲁克林博物馆（Brooklyn Museum）里的埃及收藏和女权主义艺廊，还有建于1941年，装饰艺术风格浓烈的布鲁克林公共图书馆（Brooklyn Public Library）。

展望公园：比中央公园还好！

在完成自己最有名的作品——中央公园几个月后，设计者雷德里克·劳·奥姆斯特德和卡尔弗特·沃克斯重新给布鲁克林盖上了一片更小但更加成功的绿色空间。事实上，从曼哈顿方方正正的约束中摆脱出来，雷德里克·劳·奥姆斯特德和卡尔弗特·沃克斯可以在这里自由发挥灵感。最终结果证明了这样的迂回是值得的。在236公顷的公园里，人们可以在草地树丛和瀑布小溪间漫步，还有浪漫的河谷、池塘和溜冰场。还会碰到树根道劲的苍天大树，一条环形道路——长约6千米——专属于自行车骑行者、慢跑者和滑冰的人，以及可饮用的喷泉，专供散步的人……和他们的狗狗解渴！天朗气清时，尤其是夏天的狂欢布鲁克林音乐舞会，免费的音乐使广阔草地上的人们活跃起来。就在旁边，布鲁克林博物馆和公共图书馆会提供优秀的文化盛宴。

大军队广场

此外，联邦街则呈现更加绿色的面貌。合作社附近的狄克逊自行车租赁店（Dixon's）和有机餐厅"烤羊肋"（Scottadito's）友好相处……稍微偏西，我们继续在第五大道上"寻欢作乐"。穿着打扮方面，有当地特色的**"布鲁克林工业"**（Brooklyn Industry）❺（206号）和古着店**"培根衣橱"**（Beacon's Closet）❻（220号）；吃饭方面，可以去意大利餐馆**阿迪拉**（Al di Là）❼（248号）或者以牡蛎和寿司出名的**"蓝色丝带"**（Blue Ribbon）❽（280号）。

除此之外，公园坡也被认为是布鲁克林同性恋生活的中心。除了友爱的 LGBT 气氛，这里还有一些自由自在、不受教条约束的地方，还是在第5大道上：适合男生的**精益求精酒吧**（Excelsior）❾（390号）和适合女生的**金杰酒吧**（Ginger's）❿（363号）。因此，1997年布鲁克林第一次同性恋游行发生在这里就不奇怪了。

尽管与曼哈顿的同性恋游行相比，布鲁克林的并没有那么轰动和引人注目，但它却更加正宗。

公园坡食品合作社

公园坡食品合作社作为全美最大的合作超市，从新鲜的胡萝卜到"绿色"无污染的洗洁精，在这里我们可以找到任何想要的东西。原则是：要想在这里购物，一定要成为合作社会员，每月至少在超市帮忙工作两小时四十五分钟。一个值得学习的经营案例！

布鲁克林大猩猩咖啡馆

充满意大利风情的卡罗尔花园

B71 路公交车从联邦街出发，把乘客载向**卡罗尔花园**（Carroll Gardens）。它横跨**郭瓦纳斯运河**，这里原来是一条臭气熏天的水沟，治理工作对布鲁克林来说仿佛是不可能完成的任务。十几年间，这段河流的残肢成了污水汇集地，周围下水道和提炼厂本可运走的废水都被排放到这里。但是这潭油光闪闪的黑水现在只不过是一段糟糕的回忆罢了。一群勇敢的水上运动爱好者已经回来了，周末时甚至还有人在河上划船。郭瓦纳斯因其荒地上的老旧仓库而变得前景光明，让房地产开发商们垂涎欲滴……河边居民的利益遭到损害，他们留恋这里的粗糙，甚至还有人开始怀念这里仍时不时发出的令人作呕的恶臭。

过了邦德街（Bond St）后，在第 3 街下车，随后右转进入霍伊特街（Hoyt St），这下就到了**卡罗尔花园历史街区**（Carroll Gardens Historic District）。再过两个街区，左边就是卡罗尔街花园，这个街区也因此得名。1846 年，城市规划师理查德·布特斯（Richard Butts）决定在这里建一排拥有新希腊

郭瓦纳斯运河

郭瓦纳斯这个奇怪的名字是郭瓦纳（Gouwane）的变体，1636 年荷兰人来到这片沼泽地带时，此人是当地原住民酋长。

式线条的褐石屋，房屋距离马路三十多米，这段空隙则用私人花园来填满。绣球花、山楂树、石竹、槭树和松树给这里带来一抹优美的绿意，此街区在1869年到1884年间发展起来，当时大批意大利移民拥入，他们都在布鲁克林码头工作。据说黑手党教父阿尔·卡彭（Al Capone）1918年就是在**圣玛丽海星教堂**（Saint Mary Star of the Seas）❶（467 Court St）举办的婚礼，教堂位于**卡罗尔公园**（Carroll Park）❷ 以南五个街区。每周日，农夫市场的小摊贩都会沿着公园摆出他们悉心耕作、无公害的食品。正是在这一小片绿色三角地带周围，尤其是在史密斯街上，我们可以欣赏到街区充满活力的一面：披萨店、烟雾弥漫的社交俱乐部、意大利移民时代留下的遗迹，还有旁边的健身俱乐部、咖啡馆、甜品店、艺廊和旧货店。

波恩兰姆山丘（Boerum Hill）和**科布尔山丘**（Cobble Hill），这两个正在大刀阔斧进行中产阶级化的街区位于布鲁克林北部，与卡罗尔花园一起形成了**波科卡**（BoCoCa）。史密斯街穿过这三个地方，沿街有一连串人气火爆的餐厅——"杂货店"（Grocery，288号）、加勒比海风味餐厅"古巴咖啡馆"（Cubana Cafe，272号）、"太平洋"（Pacifico，269 Pacific St）等等——都能从B75路公交车的窗户里看到。这条线路北上前往布鲁克林市中心，途中会穿过**大西洋大道**（Atlantic Ave），是探索布鲁克林高地（Brooklyn Heights）传奇街区的理想选择。

布鲁克林高地的"水果街"

在B75路公交车的终点站沙街/捷伊街（Sands St/Jay St）站下车，步行到更偏北一个街区的展望路（Prospect St）。在这条曼哈顿大桥和布鲁克林大桥都越过的街上向左转。穿过老富尔顿街—卡德曼广场西（Old Fulton St—Cadman Plaza West）的同时稍向右转，重新回到亨利街，右边就是如假包换的布鲁克林高地大门入口。1966年，这里是纽约第一个被列入历史街区的地方。19世纪初，华尔街金融先锋们在东河的这边建起了漂亮的褐石屋，每日乘坐轮渡（到1814年）、四轮马车（1883年建成布鲁克林大桥）或者地铁（从1908年开始）去炒股。

"水果街"

布鲁克林几条"水果街"的得名有赖于一位名为米达（Middagh）的女士。19世纪时，这位叛逆的富家女认为用街区望族的名字命名道路实在太矫揉造作，于是便把官方的牌子偷偷拿掉，换上了新的牌子，上面都是以水果和树木命名的街道名字……这一举动后来竟被当局批准！

■ 公交车探寻布鲁克林

布鲁克林高地可能是美国郊区"睡城"的发源地！如今，尽管房子们都被隔断成了一个个公寓，这个街区还是像极了之前的样子。尤其在其北部，几条"水果街"附近：蔓越莓街（Cranberry St）、橙子街（Orange St）和菠萝街（Pineapple St）。

从亨利街出发，先取道右边第二条街米达街（Middagh St），24 号 ⓭ 上矗立着建于 1824 年，该街区最古老

的全木质住宅。沿着柳林街（Willow St）往左走，到达一个十字路口，电影迷们会认出洛丽塔·卡斯托里尼（Loretta Castorini）在电影《月色撩人》（Moonstruck）中就住在右边（19 Cranberry St）的建筑里。女演员雪儿（Cher）因为此片获得奥斯卡金像奖，这部十分"布鲁克林"的浪漫喜剧片由她和尼古拉斯·凯奇于 1989 年共同主演。蔓越梅街左边是一连串漂亮的古老外墙，它被建于 1908 年的**圣母升天教堂**（Church of the Assomption）打断，这里原本的建筑更加偏东，因为处在曼哈顿大桥的规划路线上而被拆除。

继续在这些浪漫的街上闲逛，同时右转进入亨利街，随后再右转进入橙子街。与希克斯街（Hicks St）的交会处雄踞着**普利茅斯清教徒教堂**（Plymouth Church of the Pilgrims）⓮，仿佛还能听到牧师亨利·沃德·比彻（Henry Ward Beecher）热情洋溢的布道声在这里回响。据说这位激烈废奴主义者的姐姐，《汤姆叔叔的小屋》的作者哈丽叶特·比切（Harriet Beecher，通称"斯托夫人"），也是美国著名的废奴主义者，连林肯都会听取她的意见。这位令人尊敬的牧师的雕塑装饰着这座"房子"的花园，19 世纪时这里其实是地下铁的一站，逃跑的奴隶们利用这条隐秘的线路可以跑到已废除奴隶制的州和加拿大。

在布鲁克林高地水边散步

重新回到柳林街，稍微向左走远些。一座超棒的房子占据着 70 号 ❶。杜鲁门·加西亚·卡波特（Truman Garcia Capote）曾在这里居住并写出《蒂凡尼的早餐》。其他并不逊于他的作家们也都十分中意布鲁克林高地：田纳西·威廉斯（Tennessee Williams）、保罗·鲍尔斯（Paul Bowles）等。离这里几米远，如今在克拉克街（Clark St）角落的雄伟建筑里坐落着"耶和华见证人"会——**莱弗里奇塔**（Leverich Towers）❶，它是两次世界大战期间布鲁克林最精致的酒店。

宁静的布鲁克林高地中心

通过"水果街"们，取道克拉克街直到**布鲁克林高地步道**（Brooklyn Heights Promenade）❶，这里拥有欣赏曼哈顿及其海湾的绝佳视角，哥伦比亚高地（Columbia Heights）上优雅的住宅也同样享有一览无余的全景视角。沿着这条宏伟的大道一直走到皮尔庞特街（Pierrepont St），在与亨利街交会处矗立着**赫曼·贝尔豪宅**（Herman Behr Maison）❶。这座独特的酒店于 1890 年为百万富翁赫曼·贝尔所建造，之后先后成了妓院和方济各会修道院，然后成了住宅。多么好玩的演变史啊！再远些，去门罗广场（Monroe Place）的角落里瞧一眼建于 1844 年的**唯一神教堂**（Unitarian Church）❶，它可是布鲁克林最古老的教堂呢。如果时间不太晚，可以去参观**布鲁克林历史协会**（Brooklyn Historical Society）❷（128 号），关于布鲁克林的一切信息都可以在这里找到。

在克林顿街角落里：向右转再向右转到这个安静街区最有活力的街道——蒙塔哥街（Montague St）。商店、酒吧和不错的餐厅——比如希克斯街（Hicks St）一角的**高地咖啡馆**（Heights Café）❷（84 号），还有隔壁的东欧风味餐馆**"特雷莎"**（Teresa's）❷（80 号）——都挤在绿树成荫的人行道上。希克斯街直接就通向靠北一个街区的雷姆森街（Remsen St），这里少说有两件珍宝：**马龙教黎巴嫩圣母大教堂**（Notre-Dame-du-Liban）❷（与亨利街交会处）的青铜大门，它是从失火的豪华客轮诺曼底号中打捞上来的；另一个则是新奇的有机零食杂货店**"太白金星"**（Perelandra）❷，它作为此类商店的先驱坐落在 175 号——正对着圣弗朗西斯学院（St Francis College），已有三十多年的历史。在离开布鲁克林高地这片有趣街区的同时，向右转到法院街（Court St）后左转进入杰拉雷曼街（Joralemon St），这条街沿着市政中心向南延伸。

■ 公交车探寻布鲁克林

布鲁克林海军造船厂
上百艘海军船舰都出自1966年关闭的布鲁克林海军造船厂。二战期间，超过七万多名工人在这里日以继夜地生产出了美国最后一批战列舰。如今这里不对公众开放，但是布鲁克林历史协会不时会组织参观导览活动。

符合"比利堡"（Billyburg）时尚精神的穿着打扮

重新回到捷伊街上，乖乖等待去往威廉斯堡的B61路公交车，用"美丽"为这场旅程画上完美的句号。

比利堡的布波族

绕着前布鲁克林海军造船厂环行，公交车掠过格林堡和克林顿山丘的边界，通往被布鲁克林—皇后区高速公路割开的毫无魅力的城市大杂烩，随后转向北走。威斯大道（Wythe Ave）、分界大道（Division Ave）等等。从哈西德犹太教区进入**威廉斯堡**，这里的男士们穿着打扮非常庄重优雅，穿着好似20世纪30年代的女人们一边照看着孩子一边闲聊；仿佛一场时间之旅。我们再南下至贝德福德大道（Bedford Ave）和百老汇街十字路口。右边，百老汇街135号是宏伟的**威廉斯堡艺术历史中心**（Williamsburg Art and Historical Center）㉕——从前这里是一家银行，现在则摇身一变成了文化中心，每天下午开放。

通过威廉斯堡大桥后，继续沿着贝德福德大道走，拉美风情和波多黎各气氛越来越浓厚……但是另一批人会马上出现，越向北走越多的：布波族。

小波兰和未来的布波岛

所有人都在谈论它！苏格兰独立摇滚组合弗兰茨·费迪南（Franz Ferdinand）甚至还把它写进歌里。位于布鲁克林最北边，距离东河上方的中城仅一步之遥，便是纽约布波族的乐土。**绿点区**给初来乍到的人们提供了一条富有乡下魅力的商业干线——曼哈顿大道，还有优美的历史街区，几座漂亮的褐石屋和绿树成荫的街道沿着河流缓缓向下游延伸。结果是：首先从一个世纪前就一直如此的小波兰开始，这片相对安稳宁静的街区的租金开始飙升。医疗中心、律师事务所、餐厅、书店、杂货店……招牌上都是波兰语，悬挂着红白色彩旗的玻璃橱窗里摆满了蒜味烟熏红肠、腌菜、圆馅饼和奶油蛋糕，还有从莱赫·瓦文萨广场（Lech Walesa Place）到神父波皮鲁兹科广场（Father Popieluszko Square），途经教皇约翰·保罗二世广场（John Paul II Plaza），这些地名使人想起波兰中部的维斯瓦河！就在旁边，布鲁克林博物馆和公共图书馆为您提供一场优质的文化盛宴。

变新潮前的威廉斯堡

1830年左右，威廉斯堡刚刚诞生就有了蒸馏厂。大工业接踵而至：炼糖厂、制药厂等。被经济大繁荣吸引，大批的人口拥入这里，尤其是德国移民和下东区的犹太人，随着1903威廉斯堡大桥正式通车，这里成了布鲁克林人口最密集的街区！

正如一个世纪前的犹太人一样，形形色色的年轻人们，聪明且富有创造力，他们头发凌乱，不修边幅，但是"笔记本电脑永远不能离身"，也跨越东河来寻求更加人性化、生活成本更低的生活，被刷成粉色的老别克轿车、旧货店、后朋克唱片行……进入左边的格林街，以便感受这里空气清新的气氛，天空更加广阔，街道更加静谧，尤其在早上。在街的末端，朴素的**大轮渡公园**（Grand Ferry Park）㉖眺望着东河对岸的字母城。1818年，人和货就是从这里登上蒸汽船，起航驶往曼哈顿的。在黑灰色的水前沉思完纽约这段"史前"历史后，通过左边的肯特大道（Kent Ave）北上进城，随后进入通向威斯大道的北1街。左手边，在这条有些荒凉的干线边上，有两个值得一去的好地方：热情的**西布伦音乐咖啡馆**（Zebulon Café Concert）㉗（258号）和它相当疯癫的音乐节目；还有全部用不锈钢打造的**"好滋味"餐厅**（Relish）㉘（225号），这个可以饱食一顿晚餐的宝地有着弗米加塑料贴面的吧台和装有软垫的座椅，因其汉堡包和周末早午餐而闻名。这家餐厅于1952年建于新泽西，随后被用船运到了皇后区！1968年它安定在威廉斯堡，经营二十年后被废弃。后来被一位艺术家收购，全部重新装修后于2000年重新开业，两年后又多了花园和天井。

■ 公交车探寻布鲁克林

布鲁克林啤酒厂

成立于1987年，布鲁克林啤酒厂是最后一个直属于行政区的啤酒厂。20世纪初，布鲁克林共有五十家啤酒厂！我们自然可以在这里尝一口啤酒沫（例如下层发酵的布鲁克林拉格淡啤酒和布鲁克林小麦啤酒），也能在品酒活动上好好喝一杯。每周五会有欢乐时光，周末还有参观导览活动。

作为街区东西走向的轴心，北6街上有加拉帕戈斯艺术空间（Galapagos Art Space），这里不时上演的表演把威廉斯堡纳入了纽约文化地图，如今它已搬到登波。**公共集会**（Public Assembly）㉙（70号）则继承了它的衣钵，继续对当地艺术敞开大门。隔壁**威廉斯堡音乐厅**（Music Hall of Williamsburg）㉚（66号）有时也会迎来像猫女魔力（Cat Power）或黑键乐队（The Black Keys）一样才华出众的音乐家。60号是商店兼工作室的"五合一"（5 in 1）㉛，驻扎在一个旧的炼钢厂里，我们可以在这里找到富有设计感的衣服、珠宝和首饰。50号㉜能找到超棒的家具，还有根据弗莱士乐队（Fresh Kills）创始人约翰和弗雷德里克提出的设计建议造出来的东西。

时尚聚集地

重新回到我们的行程，一直走到百丽街（Berry St）来欣赏一场清新怡人的历史小插曲。在北8街角落里，两个历史见证人自1897年开始遥相呼应：**泰迪烧烤吧**（Teddy's Bar Grill）㉝和**布鲁克林麦芽啤酒屋**（Brooklyn Ale House）㉞，两家店有自动唱机和扎啤。酿造啤酒用的啤酒花总是在偏北一些的地方，要去**布鲁克林啤酒厂**（Brooklyn Brewery）㉟，它标志着本地啤酒酿造产业的诞生。对面则是**培根衣橱**（Beacon's Closet）㊱（88号）。这家店比它在公园坡的分店大很多，却没有那么精致。另一种风格，另一种时代，滑板和街头打扮的爱好者们则会兴奋尖叫着推开隔壁KCDC㊲（90号）的大门。我们再沿着右边的贝德福德大道（Bedford Ave）南下。这条干线上有一连串的复古二手店，赋予这条街自己的特色：**声音修复**（Soundfix）㊳（110号）的黑胶唱片和CD、**布鲁克林大众理发商场**（Brooklyn General Barber Emporium）㊴（144号）的玩具糖果和小卷发棒，还有**救世军**（The Salvation Army）㊵（176号）的旧衣服和二手家具。

布鲁克林的贝德福德大道

再远些，220号上矗立着街区潮流中心：一个聚集了贝德福德大道和北5街上的潮店的**购物中心**㊶：动词咖啡馆（Verb Café）、超棒的琵鹭糖果城（Spoonbill & Sugartown）独立书店、"你好漂亮"理发店（Hello Beautiful）、"互联网仓库"（Internet Garage）、拥有小泥人和机器人的"儿童地区"（Area Kids），店里的电脑可以随便使用，还有自助摄影亭……对于那些千禧年的书呆子和创意工作型人士来说，这里太幸福了……而且这类人还很多！

事实上，在布鲁克林这个角落里，预计有10万名艺术家和至少70家艺廊。其中最才华横溢的一家当属**佩罗齐画廊**（Pierogi）㊷（177 North 9th St），它藏在一座朴实无华、很不起眼的楼面后面，楼上挂着逃生梯。为了进去，得回到贝德福德街往北走。这里由画家乔·阿姆赖因（Joe Amrheim）经营，因为由艺术家管理，与其他许多艺廊相比这里会少一些商业气氛。尽管如

139

■ 公交车探寻布鲁克林

皮特糖果店深情的音乐会

今这里的展览很受欢迎，但来参观展览和装置艺术的人很少有严肃正经的，他们都是边喝着伏特加、边吃着波兰饺子……画廊的右边，在德里格斯街（Driggs St）一角，几级台阶通往名为**"破烂"**（Junk）❸的超大地下旧货市场，从地面到天花板，里面堆满了二手家具和小物件。

靠北些，可以清晰地看到**东正教基督变容大教堂**❹（228 North 12ᵗʰ St）的五个铜制穹顶，预示着这个与绿点区相邻的街区浓厚的斯拉夫气氛。一些人，尤其是不少曼哈顿年轻人，认为这里的草更绿——这句话可以理解为"东西更加便宜可靠"。

拥向东边

东威廉斯堡同样也会激起人们的溢美之词。我们将去亲眼验证一下，从右边的北12大道一直走到联合大道，然后沿着它南下进入理查德森街（Richardson St），这一街区更加偏南，呈现灰色无聊的郊区景色。下一个十字路口，向右转进入**皮特糖果店**（Pete's Candy Store）❺（709 Lorimer St），在变成老派酒吧前这里真的是一家糖果厂，现在酒吧有时会举办免费音乐会、读诗会和十分摇滚的宾果之夜。

从没那么做作的东威廉斯堡出发，右转沿着弗斯特街（Frost St）一直走，然后左转进入联合大道。缓缓地走到大都会大道地铁站（Metropolitan Ave，开往布鲁克林方向的G线）或者洛瑞莫街地铁站（Lorimer St，开往曼哈顿方向的L线）。那些常年的夜猫子们将会相聚在**联合台球厅**（Union Pool）❻（404 Union Ave），以前这里是一家乡村摇滚乐风格的台球用品店；在**巴尔卡德游戏厅**（Barcade）❼（388 Union Ave）里则可以重温20世纪80年代的老式投币电子游戏；**鳄鱼酒吧**（Alligator Lounge）❽（600 Metropolitan Ave）就在洛瑞莫街地铁站后面，提供用碳火烤制的美味披萨，直到凌晨三点关门打烊。为这个节日般的欢乐旅程写下一个扎实的总结。大饱耳福、大快朵颐后，我们将带着酸疼的双脚回去睡上几个小时。因为要懂得适可而止嘛！

布什维克（Bushwick）

一直向东走，转眼间，布什维克就出现在眼前。如今，巨大的仓库和翻新过的漂亮褐石屋使这个长期悲惨危险的街区，因为其便宜的租金，成了活跃的年轻人的乐土。

141

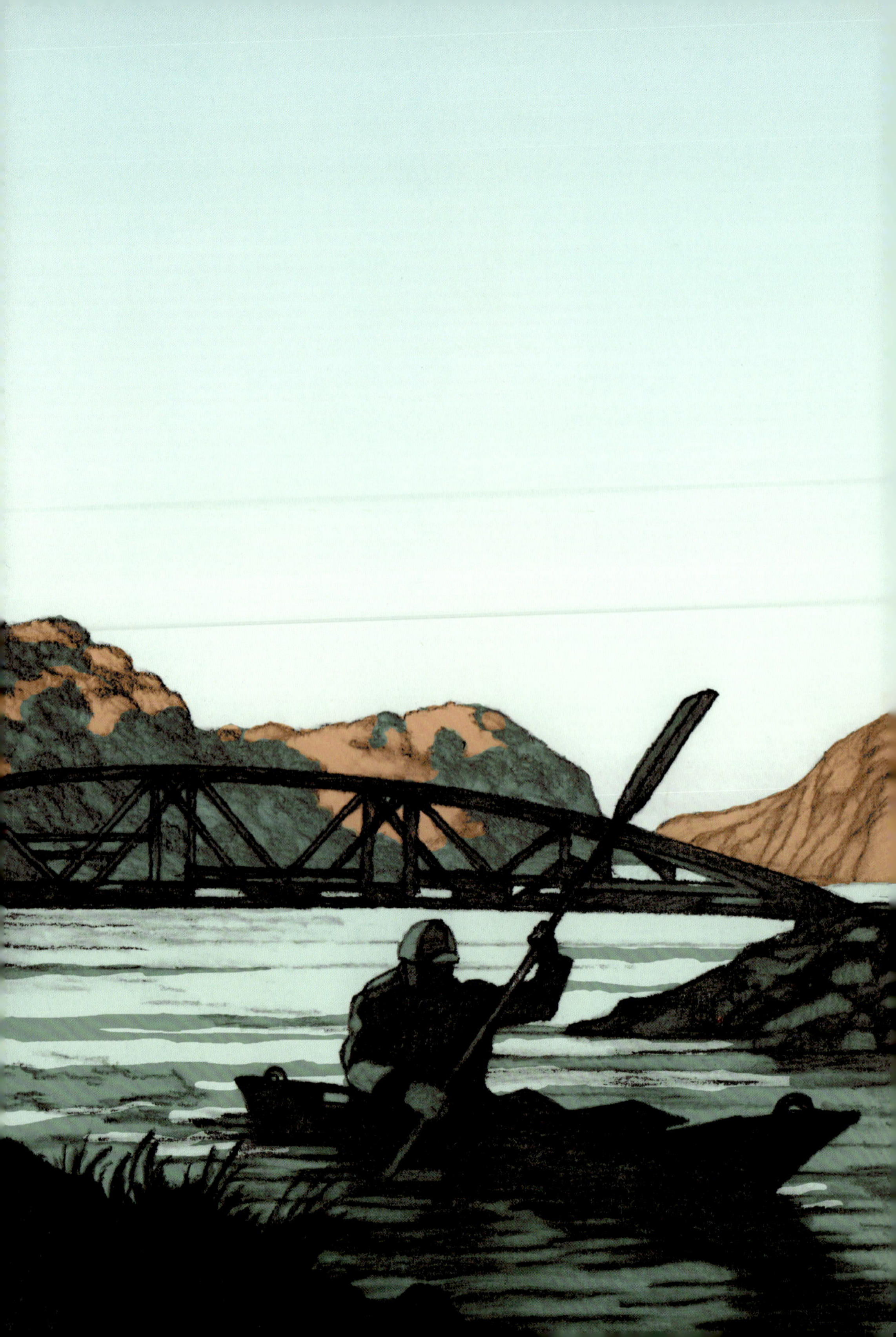

沿哈德逊河偷闲

逆流而上

路线

- Woodstock
- Catskills Hills
- Kingston Rhinecliff Bridge
- 22 Annandale-on-Hudson
- Rhinebeck
- 21 Hyde Park
- 20 Poughkeepsie
- 19 Beacon
- 18 Bannerman Castle
- Hudson Highlands State Park
- 17 Cold Spring
- 16 Garrison
- 15 Manitoga
- 14 Bear Mountain Bridge
- 13 Croton-on-Hudson
- 12 Ossining
- 10 Sleepy Hollow
- 11 Pocantico Hills
- 8 Lyndhurst
- 9 Tarrytown
- 7 Croton Aqueduct Trail
- 5 Ardsley-on-Hudson
- 6 Sunnyside
- 4 Dobbs Ferry
- 3 Hastings-on-Hudson
- 2 Glenwood
- 1 Yonkers
- Sortie 23B
- George Washington Bridge
- Bronx
- 起点
- NEW YORK
- Manhattan
- Queens
- Long Island
- Détroit de Long Island
- NEW JERSEY
- NEW YORK
- CONNECTICUT

出发：亨利·哈德逊公园大道（Henry Hudson Parkway，9A）
到达：哈德逊河畔安娜戴尔镇（Annandale-on-Hudson）或卡茨基尔（Catskills）
实用贴士：我们可以从中央火车站乘坐哈德逊线火车，沿河北上。还有每小时一班，开往波基普西（Poughkeepsie）的小公交车，全程约1小时45分钟（往返30美元）。再往北走，我们将选择美国国家铁路公司Amtrak。

沿哈德逊河偷闲

逆流而上

为何不去户外偷个闲呢？沉浸在大都市的探索中，我们有时会忘记大自然正在绽放——几乎就在纽约市的大门口，纽约州的北边。乘坐火车或汽车，这里距离曼哈顿仅有不到一小时车程，绵延起伏的山庄向外舒展，为悠长平静的哈德逊河所灌溉。一座座小巧的村庄分散在广袤无垠的大地上，还有那些草丛、果园，蜿蜒的公路迂回在浪漫的景色中。19世纪时，这片风景激发了《沉睡谷传奇》（*Sleepy Hollow*）作者华盛顿·欧文（Washington Irving）的灵感，"哈德逊派"自然主义画家们也同样受到启发，东海岸大家族们争先恐后地在这里建造自己的度假豪宅。最近，许多名流更是响应自然的召唤，定居在附近隐秘的地区：女演员乌玛·瑟曼(Uma Thurman)、演员伊桑·霍克（Ethan Hawke）、爱尔兰演员利亚姆·尼森（Liam Neeson）、罗伯特·德尼罗都重新发现了田园河岸的魅力，同时为众多艺术家、作家、音乐家，还有书商和古董商们开辟了道路……为振兴这个区域做出了贡献，如今这里成了有趣的大杂烩，混杂着老居民和初来乍到的人，还有艺术村和废弃的工厂。文化活动愈来愈多，这里最引人注目的当代艺术美术馆DIA，则很有勇气地安顿在贝康（Beacon）小镇的旧饼干厂里。路的尽头：卡茨基尔绵延起伏的山上树木茂密，这里冬天可以滑雪，全年都适合进行深呼吸。

❶ 扬克斯
❷ 格伦伍德火车站
❸ 哈德逊河畔黑斯廷斯村
❹ 多布斯轮渡
❺ 哈德逊河畔阿兹利村
❻ 阳光社区
❼ 克罗顿水道小径
❽ 林德赫斯特
❾ 塔里敦
❿ 沉睡谷
⓫ 波坎蒂克山小丘
⓬ 奥西宁
⓭ 哈德逊河畔克罗顿
⓮ 熊山大桥
⓯ 马尼托加
⓰ 加里森
⓱ 冷泉小镇
⓲ 班纳曼城堡
⓳ 贝康小镇
⓴ 波基普西市
㉑ 海德公园市
㉒ 哈德逊河畔安娜戴尔镇
㉓ 奥拉娜

■ 沿哈德逊河偷闲

进入哈德逊河谷

不要被别人影响：开车通过高速公路离开纽约并没那么让人头疼！要点是到达**亨利·哈德逊公园大道**（9A）和沿着哈德逊河一直北上。先从乔治·华盛顿大桥旁经过，然后通过亨利·哈德逊大桥离开曼哈顿，这座蓝色大桥就架在哈莱姆区的河上。9A线直通**扬克斯**（Yonkers）❶，随着哈莱姆区和布朗克斯的房价不断增长，这个庞大、毫无生机的郊区也许会变得更时髦，吸引更多人的到来。但不是现在……

要注意在23B出口附近，我们将离开河边越来越远的9A线，逐渐靠近9北线——它仍被称为百老汇街。离**格伦伍德火车站**（Glenwood）❷ 两步远的地方，从几千米前就老老实实地沿着河流轨迹行驶的哈德逊线会掠过一个旧的发电厂。这简直棒极了，发电厂带其高高矗立的两根砖头烟囱矗立在河边。它建于1906年，哺育了一部分铁道线路，之后为扬克斯输送电力，20世纪60年代则被废弃了。一些开发商们十分乐意在这里建造一个后工业化复式住宅区！就在旁边，哈德逊河博物馆（Hudson River Museum）里展示着许多所谓哈德逊派浪漫主义（19世纪）作品，还有关于河谷历史和地区遗产的展览。彼岸，新泽西阴暗的峭壁勾勒出令人不安的天际线。

北上至哈德逊河畔安娜戴尔镇

去往**哈德逊河畔黑斯廷斯村**（Hastings-on-Hudson）❸，这里的房子庄严且豪华，高层住户们坐拥俯瞰哈德逊河的视野。才不到一小时的车程，但纽约仿佛已经很远了。公路在树下和美丽的花园间穿梭，沿途城市的市中心都带着过去的时代痕迹：掉漆的店铺门脸、满是灰尘的橱窗、老旧的校车……河谷已经开始蜕变，即将褪去它老旧却令人喜爱的皮囊。新的店铺已经堆满了精致的亚麻制品、旧书、香皂还有极具设计感或田园风情的家具……离缅街不远，南岸大道（Southside Ave）

小红灯塔

华盛顿大桥下面矗立着杰弗里钩灯塔（Jeffrey's Hook Lighthouse），这座极小的红色灯塔于1947年停用，但因一个所有美国孩子都耳熟能详的童话《小红灯塔和大灰桥》（The Little Red Lighthouse and the Great Grey Bridge），它变成了赫赫有名的大明星。

149号，莫德小酒馆（Maud's Tavern）永远保持着自己的气氛。但是蓝天下的白色砖房——黑斯廷斯马厩电影院（Hastings Moviehouse Mews, 759 Warburton Ave），如今却变成了冰淇淋店和几家商店。河边，几处过去辉煌工业时代的遗迹在2005年的大拆迁中颤抖着，最终存活了下来。

一些小城市分散在各处：**多布斯轮渡**（Dobbs Ferry）❹，这名字让人想起从前负责运送人们过河的轮船；**哈德逊河畔阿兹利村**（Ardsley-on-Hudson）❺，半个村子都藏在茂密的树林后面；还有**欧文顿**（Irvington）几座漂亮的乔治亚风格住宅，像极了缩小版的"白宫"。

阳光社区和林德赫斯特的田园小憩

在抵达塔里敦小镇（Tarrytown）和塔潘齐大桥（Tappan Zee Bridge）前，哈德逊河变得宽广起来，浸润着两个有着高贵血统的奢华区域。

多布斯轮渡
作为哈德逊河上最古老的轮船之一，它连接着多布斯码头和正对面的斯内登（Sneden）码头。1698年第一次投入使用……1944年停止航行。

■ 沿哈德逊河偷闲

第一个，**阳光社区**（Sunnyside）❻，山花烂漫、绿草如茵，1840年左右这里变成了作家华盛顿·欧文隐居的私人田间住所。由于曾经长期居住在欧洲，华盛顿·欧文在他的小别墅里增添了一抹苏格兰和西班牙色彩。人们可以在这片小天堂的花园中野餐，也可以跟随身着蓬蓬裙的导游参观这里……

从阳光社区出发，到**克罗顿水道小径**（Croton Aqueduct Trail）❼——然后是水边小路——几分钟时间就到了第二个地方：**林德赫斯特**（Lyndhurst）❽。这所乡间别墅由亚历山大·杰克逊·戴维斯（Alexander Jackson Davis）1838年为前纽约市长威廉姆·保尔丁（William Paulding）设计。三十年后，因为富商乔治·梅里特（George Merritt），这栋新哥特式建筑又经历了扩建，玫瑰花园和漂亮的草坪为它增色添彩。为了向公园里高大的椴树（Linden trees）致敬，梅里特给它取了现在的名字。之后林德赫斯特又被转手给了铁路巨头杰伊·古尔德（Jay Gould），随后由他的女儿海伦和安娜继承。后来安娜成了塔列朗—佩里戈尔公爵夫人（Talleyrand-Périgord），国家历史保护信托基金在她死后于1961年购买了这块地皮。

克罗顿水道小径
建于19世纪，目的是为了给纽约供给流动可饮用的水资源，如今克罗顿水道小径已被弃用并列入历史保护遗产之列，它位于布莱恩特公园（Bryant Park），全长66千米，流至水库末端。克罗顿水道小径上设有线路标记，如今它就沿着路线流动。

游荡沉睡谷

在**塔里敦**❾，为了待在"东岸"，尽量不要走华盛顿·欧文笔下的金属桥。无头骑士的阴影——被好莱坞鬼才导演蒂姆·伯顿（Tim Burton）搬上银幕——笼罩在这个名为**沉睡谷**（Sleepy Hollow）❿的小城和相邻的波坎蒂克小河（Pocantico）上方。

在**菲利普斯堡庄园**（Philipsburg Manor，381 North Broadway），时光倒流回第一批殖民地移民时代。事实上，三个世纪以来，这片土地一直由菲利普斯家族管理，这个英籍荷兰裔房地产大户是第一批使这片广阔山谷繁荣富强起来的人。官邸、农场、磨坊、浮桥……同样，这里也有身着那个年代服装的导游给你讲述这些新世界先驱们的日常生活。

不远处，古老家族的名字装点着绿草如茵的**沉睡谷公墓**和四处散布着

了纪念他的好友、已逝的艾比·奥德利奇·洛克菲勒（Abby Aldrich Rockefeller）而命人修建的圆花窗非常值得一看。艾比是著名慈善家洛克菲勒的儿媳妇，也是纽约现代美术馆的创始人。上面的玻璃花是一位法国画家去世前的最后作品，与豪华的玻璃窗十分契合，而玻璃窗……则是由著名艺术家马克·夏加尔（Marc Chagall）设计！每一个玻璃窗上都饰有精心挑选的圣经片段，献给洛克菲勒家族的每位成员。

沿着广阔的洛克菲勒庄园中名为"眺望"（Kykuit，荷兰语 Lookout）的主楼一直走，经由贝德福德路重回沉睡谷。洛克菲勒家族四代人一直维护着这座位于山巅，拥有俯瞰哈德逊河绝佳视野的奇幻建筑中。园中收藏着一系列了不起的雕塑，其中不乏有考尔德、毕加索等人的作品……还有一件英国雕塑家亨利·摩尔（Henry Moore）的作品，因为太重而用直升飞机运送到这里！庄园里，老爷车和闪闪发光的四轮马车与毕加索私人定制的地毯并列在一起。

翠绿的高尔夫球场包围着这片土地，我们了解到20世纪时，通用汽车工人们的郊区住宅并不在沉睡谷，而是在河边，沿着贝德福德路南下，到达比克曼大道（Beekman Ave）后一直走到岸边：于2000年拆毁的通用汽车旧工厂就在这里，而这片仿佛末日过后的凄凉景色却给人莫名的美感。

的墓碑。华盛顿·欧文自己也被葬在这里……它离建于1685年的荷兰人老教堂只有一步之遥，教堂的钟表造于荷兰，上面刻着以下名言："Si Deus Nobis, Quis contra Nos？"（若神与我们同在，我们谁人能敌？）离这里几千米远，通过贝德福德路（448号公路），有另一个值得一去的教堂。这正是在**波坎蒂克小丘**（Pocantico Hills）⓫ 一边的 **联合教堂**（Union Church），1954年威廉姆·保尔丁为

荷兰谷
荷兰人是第一批定居在谷中的欧洲人。1624年他们建立了奥兰治要塞（Fort Oranje），后来这里变成了纽约州的首府奥尔巴尼。1664年，英荷战争中胜利的英国人允许荷兰人留在这里。因此这片区域里地名的发音有时会带着荷兰口音。

149

皮划艇游哈德逊河

乘坐皮划艇可以游览哈德逊河上的众多景点。从哈德逊河游乐场到沉睡谷，从哈德逊河谷户外运动用品店到冷泉小镇（Cold Spring），从大西洋皮划艇巡游到安斯威尔溪（Annsville Creek）和斯塔茨堡（Staatsburg），您都可以轻松地找到一支船桨，进行皮划艇之旅。活动安排：租赁、皮划艇课程和皮划艇出行。

小小的白色**塔里敦灯塔**（Tarrytown Lighthouse）耸立在哈德逊河上，长久以来引导着河上无数艘驳船，它们通过伊利运河穿梭在纽约和大湖区之间。如今灯塔已停止使用；此外，哈德逊河褐色的河水中很少再有船只航行，如今它变得十分沉寂静谧。

从沉睡谷到哈德逊河畔克罗顿镇

重回 9 号公路，会经过**奥西宁**（Ossining）⓬这座城市，它不会对任何人敞开心扉，高谈阔论……这里的那座苦役监狱，因其毫无人性的规矩和体罚臭名昭著，并因此获得了让人毛骨悚然、人尽皆知的名字：**声声监狱**（Sing-Sing）。这里于 1825 年投入使用。在麦卡锡党羽的全力追捕下，这座监狱成了罗森堡（Rosenberg）夫妇最后的住所，他们被判定为苏联间谍，于 1953 年 6 月 19 日在这里被处决。

在去往哈德逊河畔克罗顿前，让我们把这些凄惨的回忆抛在脑后，先去闪闪发光的**里程碑餐厅**（Landmark Diner, 265 South Highland Ave）来杯咖啡或吃个汉堡，这家餐厅的蓝色镀铬内部装饰很久以来都保持不变。

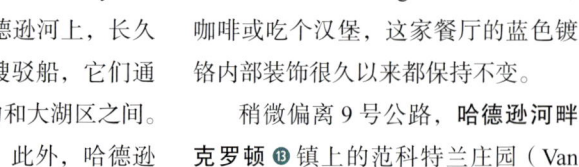

稍微偏离 9 号公路，**哈德逊河畔克罗顿**⓭镇上的范科特兰庄园（Van Cortlandt Manor, 525 South Riverside Ave）讲述着美国独立后的岁月。这个由石头和木头建成的巨大住宅外围绕着一圈阳台，里面有那个年代的家具、物品和服装，此时作为一个年轻国家的美国，正在具有影响力的大家族如范科特兰家族的带领下，正寻找着自己的标志。在庄园里有一间轮渡小屋，这片砖瓦房兼具酒馆和旅店的功能，18 世纪时候接待着那些途径**奥尔巴尼驿道**（Albany Post Road）的旅客们，这条驿道是荷兰殖民移民者于 17 世纪沿着原住民小路建造的。

经过熊山大桥路

过了克罗顿镇，哈德逊河开始紧缩，呈现螺旋状，通过 9 号公路进入 6 号公路（熊山大桥路），这条路闯过树林和小河，沿着岩石峭壁向上攀登，直到**熊山大桥**（Bear Mountain Bridge）⓮。桥前面一点点，有一片可以俯瞰哈德逊河全景的小空地，指示牌标注着在独立战争时期这片河谷的重要战略意义。

这里发生了许多令人受益匪浅的故事，尤其是那些在乔治·华盛顿指挥下的爱国人士，他们不惜一切代价，为了阻止当时已经占领纽约的英国人北上，在河的两边都布下了铁链……但这办法并没那么有效！我们也很高兴得知白头海雕已经回来，在这里它们被称作"秃鹰"，是美国的象征。河对岸，高达392米的"我们的山"俯瞰着下面的河谷。一直向西走，在占地几千英尺的**哈里曼州立公园**（Harriman State Park）里有无限的游泳和远足的可能性。但是要再说一次，我们将坚定不移地待在东岸。

笙磬同音的马尼托加

桥头右边，飞向加里森（Garrison）的9D公路掠过沿途的**马尼托加**（Manitoga）❺，设计师和家具艺术设计著名大师拉塞尔·赖特（Russel Wright）的房子就在这里，他是20世纪30到50年代不可忽略的人物，给马尼托加带来了一抹祥和安逸，使其与大自然和谐相处。

■ 沿哈德逊河偷闲

从冷泉公园看哈德逊河

风暴之王艺术中心

（Storm King Art Center）
河西岸，规模庞大的风暴之王州立公园外面，是风暴之王艺术中心，这里露天展出卡尔德、利希滕斯坦等人的雕塑。这些雕塑在小丘脚下精心排列成壮观的景象。

事实上，因为采石而遭到破坏的曼尼托加被重新治理，成了有着本地树木、青苔、蕨类和野花的"原始"风景。拉塞尔·赖特的故居和这里的小径都对公众开放——沿着指示牌一直走，上面指示着**拉塞尔·赖特设计中心**（Russel Wright Design Center）。彼岸，享有盛名的军事学院西点军校从1802年开始培养着美国军队的未来骨干。

加里森郊游

最早一批农场就出现在**加里森** ⓰ 附近，这里的景色突然变得乡村气息十足。**冷泉小镇** ⓱ 小巧的"大路"（主街）延伸至哈德逊河，我们可以找到如今河谷的三样传统：古董、餐厅和装饰。河岸附近规划出的小广场就在主街的尽头，一门大炮的仿制品坐落在广场正中央，内战期间经常能听到这门炮发出的声音。西点铸造厂是1817年至1911年美国主要的军火供应商，现在这附近也没剩下什么了不起的东西：一栋建筑和几块逐渐受到工业考古学家和哈德逊科学协会重视的土地。

去往贝康小镇的路上

但是是时候前往贝康小镇和那里的现代美术馆了，单凭美术馆也值得我们千里迢迢赶去那里。

哈德逊河画派

华盛顿·奥尔斯顿（Washington Allston，1779—1843）又被称作美国提香，他是首批把浪漫主义引进美国的画家之一。哈德逊河画派是浪漫主义运动最重要的表现，该画派从美国东南部原始雄伟的景色中汲取灵感。自从乘坐蒸汽船沿哈德逊河溯流而上后，托马斯·科尔（Thomas Cole）就开始把卡茨基尔绘入画中。从1825年起，他和朋友阿舍·杜兰德（Asher Durand）一起，用一种戏剧性的准确度重现了森林、废墟和山峦，这种准确度近似于英国风景画家康斯特布尔和英国绘画史上的天才人物透纳。科尔的学生弗雷德里克·埃德温·丘奇（Frederic Edwin Church）把这一主题延伸到所有大陆，甚至欧洲。和他一样，哈德逊河画派第二代（1855—1875）成员们都喜爱大幅画画，因为其在油画中对光影效果的安排，他们又被称作"外光派"。丘奇之外还有肯塞特(Kensett)、吉福德（Gifford）和阿尔伯特·比尔施塔特（Albert Bierstadt），他们就将大型公园纳入画中，为使保护自然的思想盛行作出了贡献。

沿途，在哈德逊高地州立公园附近，**班纳曼城堡**（Bannerman Castle）⑱ 隐藏在距离河岸两百米的地方，它的身影总是让人想起一件有趣的轶事。这个呈现苏格兰线条的城堡位于多岩石的波拉配岛（Pollepel Island），岛名在佛拉芒语中意思是"木勺"，城堡由商人弗朗西斯·班纳曼四世（Francis Bannerman VI）建成，后者在1898年美西战争后靠收购军队剩余物资而发了财。于是城堡里堆满了军用设备、火药和军需品，这些都不可能储存在他纽约的仓库里。一座货真价实的军火库……在他死后两年，1920年8月，发生了爆炸！五十年后，一场新的火灾毁灭了原本就只剩下锯齿状墙面的废弃城堡。然而我们可以搭乘小船，甚至是皮划艇巡游一圈。一些有组织、有人陪同、戴着头盔的参观团队则允许人们踏进班纳曼城堡。

终于，我们到了**贝康小镇**⑲，站在世界上最大的当代艺术博物馆——**DIA贝康美术馆**前。2003年建成的美术馆原是一家旧饼干工厂，离火车站非常近，看上去像是一个巨大的仓库，位于很低的地方，周围被修剪整齐的草坪所围绕。混凝土、砖石、玻璃……以简约和不朽作为基调，从20世纪60年代到今天，这种审美为了规模巨大的作品而形成。每间不加修饰的展厅都迎接着一位艺术家，里面容纳的作品数量前所未见。在此，我们可以欣赏安迪·沃霍尔的油画、理查德·塞拉的巨型钢板椭圆雕塑、德国艺术家格哈德·里希特（Gerhard Richter）高高的灰色镜子还有法裔美国艺术家路易丝·布儒瓦（Louise Bourgeois）的装置作品。

在贝康小镇附近如何住宿？博茨福·布里亚尔B&B住宿加早餐型宾馆（Botsford Briar B&B，电话：845-831-6099；www.botsfordbriar.com；19 High St；开业时间4月—10月）一分铜钱客栈（Copper Penny Inn，845-452-3045；www.copperpennyinn.com；2406 New Hackensack Rd, Poughkeepsie）

美术馆的藏品最初来自于德裔艺术经纪人海勒·弗雷德里希（Heiner Friedrich）和他的妻子收藏家菲利帕·德·曼尼（Phillippa de Menil）。这对夫妇陆续预订和购买了许多艺术品，但由于空间不足，只能展出部分作品。20世纪80年代末期，目光远大的DIA基金会在切尔西开设了一个展示空间。如今，它在贝康小镇——和周围地带——掀起了一场革命，使这里昏昏欲睡的街道重拾生机，精致时尚的店铺活跃起来，周末川流不息的游客灌溉了这里。

流浪在波基普西市附近

拥有一天富余时间，我们可以通过9D和9号公路前往**波基普西市** ⑳，后者是山谷的非官方首都和奢华进步的法萨尔艺术大学（Vassar）的所在地，该校不仅因其杰出的图书馆而骄傲，

其藏品丰富的**弗朗西斯·莱曼·洛布艺术中心**（Frances Lehman Loeb Art Center）也驻扎在这里，里面有十几件巴尔蒂斯（Baltus）、塞尚和毕加索的作品。离这里十几千米的奥尔巴尼方向上，坐落着富兰克林·D. 罗斯福总统在**海德公园市**（Hyde Park）㉑的豪宅，而离这里3千米之外则矗立着瓦尔农舍（Val-Kill），他的妻子埃莉诺喜欢隐居在这里。说到范德比尔特庄园（Vanderbilt Mansion），它位于FDR住宅北边3千米处，"法兰西风格"的建筑矗立在一大片修剪整齐的花园后面，而这个新古典主义小宫殿里的"皇后寝室"则复制了凡尔赛宫。

逃离，一直走向远方

哈德逊河畔安娜戴尔镇 ㉒值得我们继续北上，一览无余蒙哥马利广场（Montgomery Place）一带浪漫的景色，这里的小村庄、瀑布和可以俯瞰山冈的果园吸引了众多艺术家。他们还为了**理查德·费舍尔艺术表演中心**（Richard Fisher Center for Performing Arts）而来，这个由弗兰克·盖里设计的中心位于美国极负盛名的一流文理学院——巴德学院（Bard College）的心脏地带，由钢筋混凝土打造的歌剧－戏剧院呈现高低起伏的外形，映衬着周围的大自然环境。

从柏油马路到滑雪胜地

我们发现与细长的山峰相比，纽约附近更多是庞大的山丘，但是这都无所谓！重要的是呼吸新鲜空气的同时在距离大苹果城约两小时车程的地方好好滑场雪。一天花销是50至90美元左右（套餐+装备）。

酷乐山滑雪场（Mountain Creek, 新泽西州弗农市, Vernon Valley, New Jersey）。距离纽约一个半小时车程，是最近的滑雪场，但也因此最拥挤。45条配有照明的雪道开放至晚上10点，周末则需要冲进去抢占位置。

驼背山滑雪场（Camelback Mountain, 宾夕法尼亚州波可诺, Poconos, Pennsylvania）。从纽约出发走I-80公路，1小时45分钟即可到达，营业时间是早上8点到晚上10点，这里可以玩"轮胎滑雪"，还有那些十分考验人体力的雪道。

肖尼山滑雪场（Shawnee Mountain, 宾夕法尼亚州波可诺）。这里超级炫酷，距离纽约2小时车程。有轮胎滑雪、单板滑雪U池、出色的滑雪学校和二十多条诱人的雪道。

猎人滑雪场（纽约卡茨基尔）。墙长480米，有55条配有雪炮的雪道，还有一所儿童滑雪学校，使这个距离纽约车程2小时45分钟的滑雪场变得门庭若市。

贝尔利勒滑雪中心（纽约卡茨基尔）。距离纽约两个半小时车程。47条全新的滑雪场提供给滑雪和冲浪爱好者。摆渡巴士每天从港务局巴士总站出发，提供巴士+滑雪套餐。

温德姆山滑雪场（纽约卡茨基尔）。距离纽约两个半小时车程。这个家庭型小滑雪场提供46条简单的雪道，其中7条开到晚上10点，这里也有轮胎滑雪项目。

莫霍克滑雪场（Mohawk, 康涅狄格州）。距离约大概两小时十五分钟车程。这里没有卡茨基尔的滑雪场那么拥挤，提供27条雪道和6条可到达高处的缆车，周五周六夜间开放。

再远一点的9G公路上，东方学学者们将不会错过**奥拉娜**（Olana）㉓（5720 State Road 9G, Hudson）这座充满摩尔人想象力的豪宅，灵感来自于波斯，它是建筑师卡尔弗特·沃克斯在1870年至1891年间为哈德逊河画派画家弗雷德里克·埃德温·丘奇设计的，后者将奥拉娜视为"世界的中心"。

但是喜爱原始大自然的人们可能已经早就跨过了哈德逊河。事实上，过了**莱茵贝克村**（Rhinebeck）不久，金斯敦莱茵克利夫大桥（Kingston Rhinecliff Bridge）就通向蜿蜒起伏、树木丛生的卡茨基尔地区，这里藏着三个滑雪胜地：猎人（Hunter）、温德姆（Windham）和贝尔利勒（Belleayre）滑雪中心，还有美丽的**伍德斯托克市**（Woodstock）的白色小木屋和其乡村"新巴巴"。在重新投身到紧张繁忙的大苹果城前，让我们重寻"美好的氛围"，在天空下悠闲地散散步，把新鲜的空气都装进肺里……

伍德斯托克

距离有美国乐队"罐装燃料"（Canned Heat）和"十年"（Ten Years）参加的首届伍德斯托克音乐节已经过了四十多年，想要踏上那片传奇草坪的人将会注意到，1969年的音乐节其实是在距离伍德斯托克70千米远的贝塞尔小镇（Bethel）的斜坡上举办的！

155

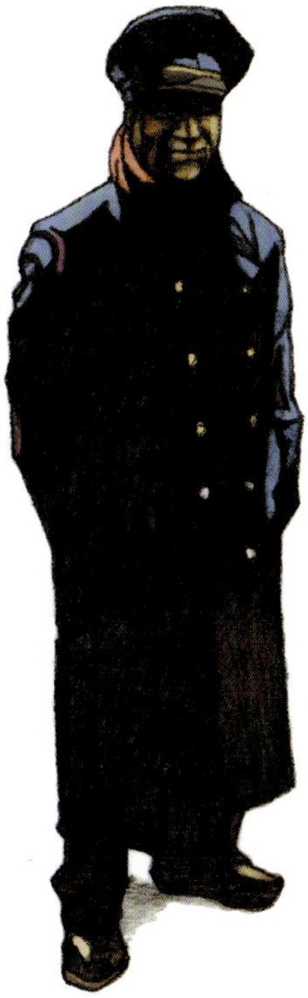

图书在版编目（CIP）数据

漫步纽约 /（美）迈尔斯·海曼绘；（法）樊尚·雷亚编；郎雅坤译 . -- 成都：四川文艺出版社，2019.5
ISBN 978-7-5411-5347-1

Ⅰ. ①漫… Ⅱ. ①迈… ②樊… ③郎… Ⅲ. ①旅游指南—纽约 Ⅳ. ① K971.29

中国版本图书馆 CIP 数据核字 (2019) 第 036844 号

© Casterman / En Voyage Editions, un département de Place des Editeurs 2010
All rights reserved.
法文原书名：New York, itinéraires
作者：Miles Hyman 绘，Vincent Réa 编
Text translated into Simplified Chinese © Ginkgo (Beijing) Book Co., Ltd 2019
This copy in Simplified Chinese can only be distributed in PR of China, hereby excluding Hong Kong, Taiwan and Macau.

本中文简体版版权归属于银杏树下（北京）图书有限责任公司。
版权登记号图进字：21-2018-710

MANBU NIUYUE
漫步纽约

[美] 迈尔斯·海曼　绘
[法] 樊尚·雷亚　编
郎雅坤　译

选题策划	后浪出版公司
出版统筹	吴兴元
责任编辑	杨蓓蓓　周　轶
特约编辑	孟　蕊
责任校对	汪　平
装帧制造	墨白空间·李珊珊
营销推广	ONEBOOK

出版发行	四川文艺出版社（成都市槐树街 2 号）
网　　址	www.scwys.com
电　　话	028-86259287（发行部）　028-86259303（编辑部）
传　　真	028-86259306
邮购地址	成都市槐树街 2 号四川文艺出版社邮购部　610031
印　　刷	北京盛通印刷股份有限公司
成品尺寸	160mm*225mm　开　本　16 开
印　　张	10　插　页　4　字　数　195 千字
版　　次	2019 年 5 月第一版　印　次　2019 年 5 月第一次印刷
书　　号	ISBN 978-7-5411-5347-1
定　　价	52.00 元
印　　数	1—5000 册

后浪出版咨询(北京)有限责任公司 常年法律顾问：北京大成律师事务所
周天晖　copyright@hinabook.com
未经许可，不得以任何方式复制或抄袭本书部分或全部内容
版权所有，侵权必究
本书若有质量问题，请与本公司图书销售中心联系调换。电话：010-64010019